Holger Göbel / Ralf Bergemann

TAUCHREISEFÜHRER SUDAN

Holger Göbel / Ralf Bergemann

TAUCHREISEFÜHRER SUDAN

Delius Klasing
EDITION NAGLSCHMID

Die Deutsche Bibliothek - CIP-Einheitsaufnahme

Göbel, Holger:
Tauchreiseführer Sudan
Holger Göbel / Ralf Bergemann. Bielefeld: Delius Klasing;
Stuttgart: Edition Naglschmid, 2000
(Tauchreiseführer; 29)
ISBN 3-89594-077-1

1. Auflage
ISBN 3-89594-077-1

Herausgeber: Dr. Friedrich Naglschmid
Titelfoto: Holger Göbel / MTi-Press, Stuttgart
Fotos: Ralf Bergemann / MTi-Press, Stuttgart: 14, 15, 20, 21, 23, 24, 124, 144;
alle anderen: Holger Göbel / MTi-Press, Stuttgart
Karten und Zeichnungen: Angela Koop / MTi-Press, Stuttgart
Druck: Kunst- und Werbedruck, Bad Oeynhausen
Printed in Germany 2000

Inhalt

Vorwort

Ursprünglich waren es die Reisen von Hans Hass und Jacques Cousteau in die Gewässer des Sudan, die für die heutige Popularität des Roten Meeres sorgen. Die Unterwasserfotografien der „Umbria“ von Hass machten sie zu Beginn der fünfziger Jahre nicht nur zu einem der bekanntesten Wracks weltweit, sondern bildeten den Auftakt eines sich langsam entwickelnden Tauchsports. Cousteaus Experiment Precontinent II legte Anfang der sechziger Jahre die Grundlagen für das moderne Off-Shore-Tauchen. Trotz dieser taucherischen Meilensteine steckt der Tourismus im größten Land Afrikas noch heute in den Babyflossen. Während sich Tausende von Tauchern entlang der ägyptischen Festlandküste sowie des Sinai unter Wasser tummeln, warten im Sudan noch Hunderte von unbetauchten Riffen auf ihre Entdeckung. Verantwortlich hierfür ist der seit Jahrzehnten anhaltende Bürgerkrieg im Süden des Landes und die daraus entstandenen politischen und wirtschaftlichen Probleme. Treibstoffmangel und finanzielle Engpässe bei der Entrichtung von internationalen Flughafengebühren können bereits die Anreise zu einem Abenteuer werden lassen. Geduld und eine hohe Anpassungsfähigkeit sind für eine Reise in den Sudan unabdingbar. Wer schon einmal stundenlang in Port Sudan auf seinen Rückflug gewartet oder einen unfreiwilligen Aufenthalt in Khartoum verbracht hat, wird hiervon ein Lied singen können. Die fehlende Infrastruktur an Land wirkt sich aber auch auf die von Port Sudan aus operierenden Schiffe aus. Alle Ausrüstungsgegenstände und Ersatzteile sowie Lebensmittel und Getränke müssen aus Europa mitgebracht werden. Etwas leichter haben es da die aus Ägypten kommenden Schiffe, allerdings verbringen diese mehr Zeit mit der An- und Abreise. Neben den organisatorischen Schwierigkeiten macht einer Vielzahl von Reisenden das extreme Klima zu schaffen. In den Sommermonaten kann die Quecksilbersäule auf über 50 °C im Schatten steigen. Im Winter sind die Temperaturen zwar gemäßigter, die hohe Luftfeuchtigkeit kann aber auch zu dieser Jahreszeit eine außerordentliche Belastung darstellen.

Wer sich durch diese Umstände nicht abhalten lässt, dem steht eines der fantastischsten Tauchreviere der Welt offen. Steilwände, die senkrecht ins unendliche Blau abfallen, eine Unterwasserflora und -fauna, wie sie üppiger nicht sein kann, und nahezu unberührte Wracks entschädigen für die Unannehmlichkeiten über Wasser. Begegnungen mit den rastlosen Nomaden der Meere gehören zum Tagesprogramm: Hammerhaie, Weißspitzenhochseehaie, Mantas und Adlerrochen gleiten majestätisch vorüber, ohne von den Tauchern Kenntnis zu nehmen. Unter Experten zählt der Sudan aus diesen Gründen

bereits seit Jahren als Geheimtipp. Viele von ihnen kommen immer wieder hierher.
Dieser Tauchreiseführer begleitet Sie zu einer Reihe von Tauchplätzen entlang der sudanesischen Küste. Beschreibungen und Karten der Tauchplätze sowie die Zeichnungen der Wracks sollen eine individuelle Tauchgangsplanung und -gestaltung ermöglichen. Er möchte dem Leser eine einzigartige, noch kaum von Menschen berührte Unterwasserwelt näher bringen, in der Hoffnung, dass er dieses Erbe schützt. Die Folgen eines unkontrollierten Massentourismus lassen sich an den Riffen im Norden des Roten Meeres erkennen. Neben einem sanften Tourismus wird es nur dann gelingen, diese Naturwunder zu schützen, wenn seine Besucher die Einmaligkeit dieses Unterwasserparadieses erfahren haben.

Dr. Holger Göbel
Ralf Bergemann

Kleine Landeskunde

Geografie

Mit einer Fläche von etwas über 2,5 Millionen km^2 ist die Republik Sudan etwa 7 mal so groß wie die Bundesrepublik. Mit dieser Größe liegt sie flächenmäßig unangefochten auf Platz eins unter den Ländern des schwarzen Kontinents. Im Norden grenzt der Sudan an die Wüsten Ägyptens und Lybiens. Im Westen liegen der Tschad, die Zentralafrikanische Republik und der Kongo. Der Süden mit seinem Bürgerkriegsgebiet stößt an das unruhige Uganda, den Norden Kenias und im Südosten an Äthiopien und Eritrea. Im Osten bildet das Rote Meer die Grenze. Von der 7687 Kilometer langen Staatsgrenze hat das Rote Meer mit einer Küstenlinie von 853 Kilometern nur einen kleinen Anteil.
Der Sudan umfasst den größten Teil des mittleren Nils. Der weiße Nil durchzieht, von Uganda aus kommend, das Land von Süden aus. Hier bildet er den 12.000 km^2 großen Sudd, das größte Sumpfgebiet der Welt. In der Hauptstadt Khartoum vereint sich der weiße Nil mit dem aus Äthiopien kommenden blauen Nil. Als großes „S" durchfließt er die Wüste im Norden des Landes und mündet in den südlichen Ausläufer des aufgestauten Nassersees im Süden Ägyptens. Er bildet in der Wüste des Nordens zugleich die Lebensader der Menschen und war zwischen Ägypten und dem Sudan zugleich immer wieder Anlass zu Grenzstreitigkeiten. Der Verlauf des Nils unterteilt das Land zugleich in unterschiedliche Regionen. So trennt er zum Beispiel im Norden die Lybische und Nubische Wüste gegen die östlich gelegene Arabische Wüste mit dem angrenzenden Roten Meer ab.
Wie eine natürliche Mauer umrahmen eine Anzahl von Gebirgen den Sudan. Im Westen sind es die Marra-Berge, die mit ihren südlichen Ausläufern an die Nuba-Berge anschließen. Der Süden des Landes wird durch das Imatong-Gebirge mit seinen über 3000 Meter hohen Bergen dominiert. Im Osten zieht sich eine parallel zur Küstenlinie in Nordwest-Südost-Richtung verlaufende Gebirgskette. Eine kurze Unterbrechung dieser bis zu 1800 Meter aufragenden Wand findet sich auf der Höhe von Port Sudan und der alten Hafenstadt Sawakin. Lediglich im Norden ist sie im Gegenlicht der Abenddämmerung gut zu erkennen. Im Süden ist sie aufgrund des feinen Sandes sowie der höheren Luftfeuchtigkeit fast nie zu sehen.

Klima

Der Sudan weist eine klimatische Trennung in Nordsüdrichtung auf. Die Klimazonen reichen von der Wüste im Norden über eine Halbwüste und der sich anschließenden Trockensavanne bis zur Feuchtsavanne im Süden. Von den Flußläufen einmal abgesehen, bestimmen die Niederschläge das Klima und die Vegetation. Im Norden des Landes fällt praktisch kein Regen. In diesem Bereich liegt auch die Küste des Roten Meeres. Lediglich in den Wintermonaten kann es gelegentlich zu kurzen aber heftigen Schauern kommen. Die Verdunstung in dieser Region ist viel größer als die jährliche Niederschlagsmenge, so dass extremer Wassermangel den Norden kennzeichnet. Aufgrund der Nähe zum Äquator ist die Sonneneinstrahlung sehr intensiv. Die Sonne steht hier höher am Himmel als in Europa. Wolken bilden sich nur selten und dann auch meist nur in den Wintermonaten. Unabhängig hiervon sind die Dunstwolken, die zum einen durch die hohe Luftfeuchtigkeit, vor allem in den Sommermonaten, und zum anderen durch den feinen Wüstensand in den mittleren und südlichen Küstenabschnitten enstehen. Letzterer bedeckt nahezu alles innerhalb kürzester Zeit mit einer dünnen Schicht und gelangt auch in die letzten Ritzen.

Die Tagesschwankungen der Temperatur sind wie in allen Wüsten beachtlich. Durch die trockene Wüstenluft ist die Wärmeeinstrahlung bzw. die -abstrahlung des aufgeheizten Bodens extrem hoch. In den Monaten Dezember bis Februar liegen die nächtlichen Durchschnittstemperaturen bei nur 8 °C. Gelegentlich kommt es im Januar sogar zu Frost. Am Tage liegen die Mittelwerte zu dieser Jahreszeit bei über 24 °C. In den Sommermonaten wird die nächtliche Abkühlung eher als angenehm empfunden, denn die durchschnittlichen Tageswerte liegen um 43 °C. Absolute Spitzenwerte erreicht die Quecksilbersäule im Sommer mit bis zu 48 °C. Für eine erholsame Nacht sollte Ihre Kabine zu dieser Jahreszeit in jedem Fall über eine Klimaanlage verfügen.

Im zentralen Roten Meer unterliegt die Windrichtung den Jahreszeiten. In den Wintermonaten von Oktober bis März kommt der Wind sowohl aus dem Norden als auch aus dem Süden. Die Nordwinde sind hierbei mit 2 bis 4 Beaufort etwas stärker als die südlichen mit 2 bis 3 Beaufort. Windstill ist es selten. Ab April ist zunehmend Nordwind zu verzeichnen. In den Sommermonaten herrschen Nordwest- bis Nordwinde mit einer Stärke von 4 Beaufort vor. Dennoch kann sich der Wind innerhalb von wenigen Stunden um 180 Grad drehen, ein Umstand, der vor allem von der Bootsbesatzung ständige Aufmerksamkeit verlangt. Auch der „Withe Elephant" wurde dieser Umstand am Sanganeb zum Verhängniss. Gefürchtet ist der gelegentlich auftretende Haboobs, ein Sandsturm, der aus der Wüste kommt und Windstärken von 8 Beaufort erreicht.

Wer über Khartoum einreist, kann bereits Unterschiede zu Port Sudan feststellen. Die Hauptstadt des Sudan liegt in der Übergangszone. Die Jahresdurchschnittstemperatur liegt hier bei 26,7 °C und weist bereits eine deutlich höhere Luftfeuchtigkeit auf. In der Regenzeit zwischen Juni und September fallen hier durchschnittlich 254 mm Niederschlag.

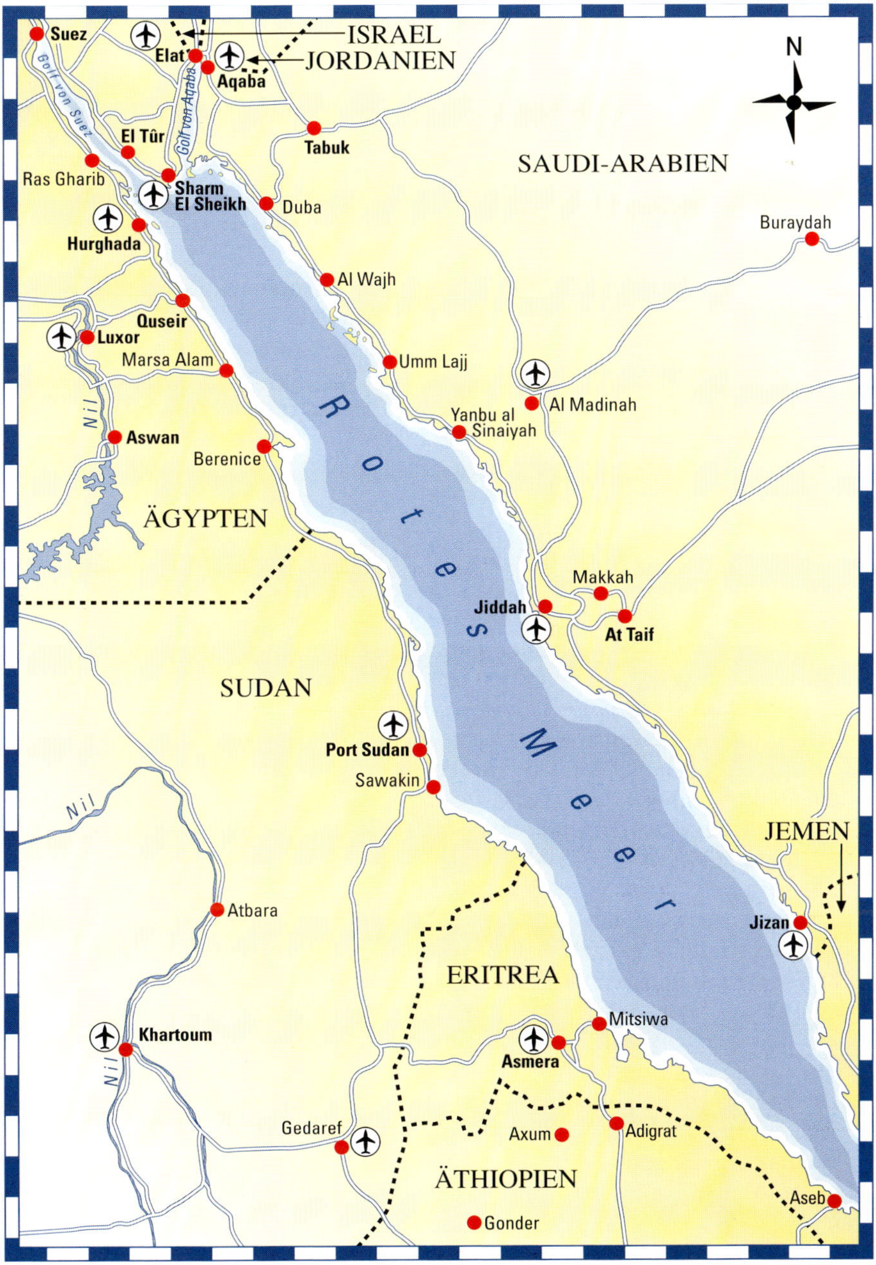

ISRAEL
JORDANIEN
N
SAUDI-ARABIEN
Suez
Elat
Aqaba
Golf von Suez
Golf von Aqaba
El Tûr
Tabuk
Ras Gharib
Sharm El Sheikh
Duba
Hurghada
Buraydah
Al Wajh
Quseir
Luxor
Umm Lajj
Marsa Alam
Al Madinah
Nil
Yanbu al Sinaiyah
Aswan
Berenice
Rotes Meer
ÄGYPTEN
Makkah
Jiddah
At Taif
SUDAN
Port Sudan
Sawakin
Nil
JEMEN
Atbara
Jizan
ERITREA
Mitsiwa
Khartoum
Asmera
Nil
Axum
Adigrat
Gedaref
ÄTHIOPIEN
Aseb
Gonder

Der Süden des Landes ist durch ein tropisches Klima geprägt. Die hohe Luftfeuchtigkeit ist für diesen Landesteil typisch. Im Jahresmittel fällt über 1015 mm Niederschlag. In der Regenzeit zwischen April und Oktober liegt die Durchschnittstemperatur hier zwischen 21-31 °C. Während der Wintermonate schwankt sie zwischen 18-38 °C. Aber auch hier gibt es regionale Unterschiede. So ist es in den Bergregionen zumeist kühler als in der Ebene, und es fällt eine durchschnittlich höhere Niederschlagsmenge.

Geschichte

Seit Jahrzehnten tobt im Süden des Sudan ein schrecklicher Bürgerkrieg, der auch den Tourismus immer wieder bedroht. Die daraus resultierenden politischen und wirtschaftlichen Probleme hemmen die Entwicklung des Landes erheblich. Um die Hintergründe dieses Konflikts besser verstehen zu können, ist ein kurzer Rückblick in die Vergangenheit erforderlich.

Über die Frühgeschichte des Sudan ist wenig bekannt. Eine Ausnahme bildet Nubien und sein sagenumwobenes Königreich Kusch. Der Reichtum dieser Epoche inspirierte bereits im vergangenen Jahrhundert die Fantasie von Glücksrittern und Forschern. Das Zentrum dieses Reiches lag am Fuße des heiligen Berges Jebel Barkal, unweit der heutigen Stadt Karima. Als ehemalige ägypitische Provinz schwang es sich um 750 v. Chr. zu einer Großmacht auf. Die aus dieser Epoche stammenden Pyramiden bei Barkal erinnern an die ägyptischen. Die Herrscher waren nicht nur Könige von Kusch, sondern auch von Ägypten. Sie kämpften um die Vormachtstellung im Nahen Osten gegen die Assyrer. Da ihnen Eisenwaffen fehlten, entschieden die Assyrer diesen Kampf allerdings erst 120 Jahre später für sich und beendeten den Aufstieg Kuschs. Um 500 v. Chr. wurde die Hauptstadt nach Meroe verlegt.

Mit der Ausdehnung des Reiches Axum im heutigen Äthiopien kam es immer wieder zu Grenzverschiebungen. Das christliche Nubien unterlag somit den unterschiedlichsten Einflüssen. Wandbilder zeigen Elemente aus Axum und Schwarzafrika, aber auch byzantinische. Mit der Islamisierung Ägyptens kamen über das Nilbecken arabische Hirtenstämme in das Land. Ihre Herden weideten in den Ebenen Korodofans und Darfurs. Mit dem Fall der christlichen Fürstentümer um 1500 entstanden am Nil die islamischen Reiche Funj und Darfur. Sennar avancierte zur Hauptstadt Funjs. Die Macht des Monarchen basierte auf einer Sklavenarmee, die von adligen Reitern unterstüzt wurde. Auch der gut organisierte Beamtenapparat wurde von Sklaven gebildet. Das Sklaventum etablierte sich im Sudan somit bereits lange vor der türkischen Eroberung zu Beginn des 19. Jahrhunderts.

Mit dem zunehmenden Sklavenhandel weltweit stieg auch die Nachfrage. Schon relativ früh passte sich die ägyptische Wirtschaft diesen Bedürfnissen an, wodurch der von Ägypten stark beeinflusste Sudan sich schnell zu einer der führenden „Exportnationen“ entwickelte. Durch die florierende Sklavenwirtschaft gewannen einige Kaufleute zunehmend an Macht und Einfluss. Sie schufen sich im Süden und Südwesten des Landes ihre eigenen Privatreiche. So eroberte der sudanesische Kaufmann Al Zubeir Pascha mit seiner Sklavenarmee Zande und Darfur.

In der Mitte des 19. Jahrhunderts breitete sich, abermals von Ägypten ausgehend, der britische Einfluss auf den Sudan aus. Eine endgültige Kontrolle über das größte Land Afrikas wurde jedoch zunächst durch den Aufstand der Mahdisten 1885 verhindert. Unter der Führung Mohammed Ahmeds wurde ein islamischer Gottesstaat errichtet. Seine Krieger zerstörten das von den Türken gegründete und den Briten als Hauptstadt übernommene Khartoum vollständig. Vis-à-vis, am gegenüberliegenden Nilufer, entstand Omdurman, das neue Zentrum des Mahdis (Erlöser). Die von den Briten unternommenen Versuche, die Sklavenarbeit durch Lohnarbeit zu ersetzen, wurden sofort unterbunden. Aber die erneute Sklaverei sollte sich nicht lange halten. 1898 vernichteten die Briten die Armee des Mahdis in einem unrühmlichen Massaker. Sie ließen Khartoum vom Reißbrett aus neu errichten. Mit einem straff organisierten Regierungssystem hielten sie von nun an den gesamten Sudan in ihrer Hand. Die Organisationsstruktur schuf völlig neue Verhältnisse. So wurden im Norden des Landes die Nomadensippen, ungeachtet ihrer Bündnisverpflichtungen zueinander, zu Stämmen zusammengefasst. Zwar ließen sich somit die Zwistigkeiten der Sippen untereinander unterbinden, allerdings konservierte diese Maßnahme das Kräftegleichgewicht. Eine Anpassung an die sich ändernden Umweltbedingungen sowie politischen Machtverhältnisse war dadurch nicht mehr möglich. In ihren Gebieten errichteten die neuen Herren, ungeachtet der alten Grenzen, künstlich bewässerte Farmen. Um die Beschlüsse im Süden des Sudan durchzusetzen, wurden Regenpriester mit besonderen Vollmachten ausgestattet und als Häuptlinge eingesetzt.

Trotz dieser Maßnahmen blieb das Misstrauen der Briten und die ständige Angst vor einem neuen Aufstand der Moslems. Um dieser Gefahr zu begegnen, beschloss die Kolonialverwaltung zu Beginn der zwanziger Jahre, die Moslems aus dem Süden des Landes zu vertreiben. Mit dem Passgesetz von 1922 wurde der Grundstein hierfür gelegt. Eine regelrechte Jagd auf alles Islamische begann. Sogar das Tragen einer Jellabbina war untersagt. Als Amtssprache wurde Englisch eingeführt und Arabisch verboten. Diese Entwicklung betraf allerdings nur den Süden. Die Nomadensippen im Norden wurden in der Wüste sich selber überlassen. Bis zum Ende des Zweiten Weltkriegs, also fast 30 Jahre, entwickelten sich so der Norden und Süden getrennt voneinander.

Mit dem Ende des Zweiten Weltkriegs begann der Untergang des Britischen Empire. Nach und nach errang die einstige Kronkolonie ihre Unabhängigkeit. Im Jahr 1956 verließen die Engländer den Sudan und überließen das Land sich selbst. Ihre Politik in der Vergangenheit bildete das Fundament für

Schon von weitem erkennt der Sudanreisende das Sanganeb Reef an seinem Leuchtturm.
Große Safariboote machen den Besuch der sudanesischen Gewässer zu einem angenehmen Erlebnis.

Zahlreiche Einsiedlerkrebse bewohnen die Inseln.

Karge Pflanzen prägen die Eilande.

soziale, wirtschaftliche und politische Probleme. Mit dem Rückzug entfiel die externe Machtkontrolle über die Nomadensippen im Norden des Landes. Im Süden versuchten die vertriebenen Moslems die Macht wiederzuerlangen. Schon bald nach der Unabhängigkeit führten die unterschiedlichsten Interessenlagen der beiden Landesteile zum Ausbruch eines Bürgerkriegs. Zwar gelang es, diesen 1973 vorläufig zu beenden, allerdings brach er zehn Jahre später erneut aus. Bis heute wütet er im Süden des Landes. Die wirtschaftlichen und politischen Folgen haben das Land ruiniert, und es wird noch Generationen dauern, bis es sich hiervon erholt hat.

Sprache

Der Sudan weist eine Vielzahl von Sprachen auf. Allein im Nilbecken gibt es fast 100 unterschiedliche Dialekte. Die Amtssprache ist Arabisch, das vor allem im Norden sowie an der Küste verbreitet ist. Es wird in großen Teilen Nordafrikas bis in den Nahen Osten gesprochen. Aufgrund des weiten Verbreitungsgebietes und der unterschiedlichsten ethnischen Volksgruppen haben sich die verschiedensten Dialekte gebildet. Die sudanesisch-arabische Amtssprache ist mit der ägyptisch-arabischen Sprache stark verwandt und wird auch in anderen arabischen Ländern verstanden. Neben Arabisch spricht ein Teil der über Vierzigjährigen aber auch gut englisch. Aufgrund des anhaltenden Bürgerkriegs und der damit verbundenen mangelnden Schulbildung ist der Anteil der jugendlichen Analphabeten sehr hoch. Englisch ist in dieser Generation unbekannt, so dass der Tourist auf ein paar Worte Arabisch angewiesen ist.

Die arabische Sprache ist äußerst schwierig zu erlernen. Das beginnt bereits mit dem Schriftbild, das uns eher an ein skurriles Graffiti als an Buchstaben erinnert. Hinzu kommt, dass die Gestalt der Buchstaben stark abhängig ist von ihrer Stellung im Satz oder im Wort. Werden Zahlen, wie bei uns, von links nach rechts gelesen, so ist es beim Geschriebenen genau umgekehrt; hier wird von rechts nach links gelesen. Im Rahmen der Phonation gibt es weitere Klippen für uns Europäer. Im Arabischen existieren Laute, für die keine entsprechenden lateinischen Buchstaben vorhanden sind. Somit gibt es keine allgemein gültige Schreibweise in der Übersetzung. Die komplizierte Grammatik bildet eine weitere Hürde beim Erlernen der Sprache und stellt für den Urlauber eine Überforderung dar. Für eine einfache Verständigung und einen „Small-Talk" ist sie allerdings nicht erforderlich. Die Erfahrung zeigt, dass ein paar Brocken Arabisch bei den Gastgebern Freude und Anerkennung hervorrufen und so zu einem gelungenen Urlaub beitragen. Das folgende „Lexikon" wurde so ausgewählt, dass neben einem kleinen Wortwechsel auch eine Verständigung im Tauchbereich möglich ist. Die phonetische Schreibweise entspricht der Aussprache, wie sie im Norden des Sudan üblich ist.

Begrüßung

Guten Tag	a ßalamaleikum
Guten Tag (Antwort)	aleikum a ßalam
Wie geht es?	kef halag?
Gut, Gott sei Dank	queiß, al hamdulila

Bejahung/Verneinung/Höflichkeit

Bitte	min fadlak
Danke	schukran
Ja	aiuwa
Nein	la
Nichts	ma fiisch
Vielleicht	jimkin
Richtig	saach
In Ordnung	tamam
Nein, danke	la schukran
Entschuldigung	assif
Das macht nichts	ma lesch
Kein Problem	ma fisch muschkella

Fragen

Wann?	miten?
Wer?	minu?
Wo?	fen?
Wieviele?	bkam?
Wie weit ist es nach ...?	ad e al masafa illa ...?
Wie viel kostet das?	bkam da?
Wo gibt es ...?	fen ?
Ist es möglich ...?	mumkin ...?

Uhr/Zeit

Wie spät ist es?	sah kaam
Es ist 1 Uhr	sah wahed
Heute	in aharda
Morgen	bukra
Übermorgen	baadebukra
Später	badeen
Tag	jom
Woche	usbuah

Zahlen

1	wahed	8	tamania
2	itneen	9	tissa
3	talata	10	ashara
4	arba	20	esherin
5	khamsa	30	talatin
6	sitta	100	mia
7	saba	1000	alf

Essen/Trinken

Essen	akl
Trinken	dischrab
Was gibt es heute zu essen?	fi akl eh in aharada?
Wenig	schweija
Wasser	maja
Wein	nebit
Bier	bira
Tee	tschai
Zucker	sukkar
Fisch	ßamak
Fleisch	lachma
Brot	esch

Tauchen

Tauchen	raz
Vormittagstauchgang	raz sobh
Nachmittagstauchgang	raz bahde dohr
Nachttauchgang	raz bil lela
Gibt es hier Strömung?	fi madd henna
Wie tief ist es hier?	kham rasir henna
Riff	shab
Riffpfeiler	erg
Boot	lansch
Anker	bischlel
Nach rechts	schimal
Nach links	jemin
Geradeaus	ala tul
Wohin fahren wir?	feen maschi?
Los gehts!	maschi maschi
auf, auf, los geht's	jela, jela

Küstenorte

Sawakin
Sawakin, in früheren Jahrhunderten das „Venedig des Roten Meeres“ genannt, liegt ungefähr 65 km südlich von Port Sudan. Auch heute noch ist der Anblick dieser Ruinenstadt faszinierend.
Die Lage war strategisch ausgezeichnet: Auf einer Insel mitten in einer geschützten Bucht erbaut, bot sie Schutz gegen Angriffe. Die Gebäude Sawakins sind in der islamisch-türkischen Bauweise der Hafenstädte des 16. bis 20. Jahrhunderts errichtet. Das Typische dieses Baustils waren die hölzernen Gitterfenster, die so genannten Mashrabiyas. Sie lassen nicht die Hitze herein, wohl aber eine frische Brise. Reiche Handelsherren importierten speziell aus Java silberfarbenes Teakholz, um aus diesem die typischen Mashrabiyas-Erker anfertigen und damit ihre Häuser schmücken zu lassen. Als Baumaterial für die Gebäude verwendete man Steinkorallenblöcke, die in einem Steinbruch im Süden der Bucht gewonnen wurden - ein billiges, leicht zu verarbeitendes und sehr haltbares Material. Allerdings muss es durch einen Verputz geschützt werden. Dies ist an einigen Mauern noch gut zu erkennen. Sawakin war reich und unabhängig auf Grund der florierenden Wirtschaft und des regen Handels. Das kann man heute noch an einigen, teilweise zerstörten Fensterwölbungen sehen, die die Überreste reicher Putzverzierungen an den Häusern erkennen lassen. Das Hauptproblem in Sawakin war die geringe Grundfläche. Entgegen der einstöckigen türkischen Bauweise wurde daher zwei- oder dreistöckig gebaut.
In früheren Jahrhunderten war Sawakin Umschlagplatz für viele Güter und Haupthafen für die arabischen Pilger auf ihrem Weg von und nach Mekka. Außerdem war Sawakin führender Handelsplatz für den Sklavenhandel. Zudem wurde reger Handel mit dem Landesinneren Afrikas betrieben. Riesige Karawanen mit bis zu tausend Kamelen transportierten regelmäßig Reis, Kerzen, Zucker, Bekleidung und viele weitere Güter. Durch die Eröffnung des Suezkanals am 17. November 1869 und in den folgenden Jahren erlebte die Stadt ihren wirtschaftlichen Höhepunkt.
Mit der 1906 gefällten Entscheidung, Port Sudan zum modernen Hafen auszubauen, begann der Verfall Sawakins. Der Hafen war zu klein geworden, die Zufahrt durch die stetig wachsenden Korallenriffe gefährlich. Der Hauptgrund aber war, dass es keine Platzreserven mehr gab. Die Stadt war übervölkert, und es gab keine Möglichkeiten, moderne Einrichtungen zu bauen. Das gab den Ausschlag: Innerhalb weniger Jahre entstand die neue Hafenstadt Port Sudan. Die reichen Händler wollten sich nicht von ihrer Stadt trennen, des-

Am Ende des 1877 errichteten Dammes steht das renovierte Tor von Sawakin. Die Überreste des alten Sawakin spiegeln noch immer den Glanz vergangener Tage wieder.

Neben dem imposanten Muhafaza, dem 1866 erbauten Regierungspalast, befindet sich das Zollamt – es ist noch besetzt.
Wassergrundstücke werden auch von den Sudanesen bevorzugt (Port Sudan).

halb wurden anfangs noch viele Geschäfte weiterhin von Sawakin aus geführt. Nachdem aber 1923 die Nationalbank geschlossen wurde und die Eastern Telegraph Company ihren Sitz nach Port Sudan verlegte, verließen auch die letzten Händler die Stadt. Heute ist das auf der Insel errichtete Alt-Sawakin bis auf wenige Reste ein Trümmerfeld, dessen helle Korallensteinmauern im blauen Wasser des Roten Meeres aber immer noch einen faszinierenden Anblick bieten. El Geyf, das Festland-Sawakin, bildet heute mit seinem bunten Markt und den Cafés einen lebendigen Kontrast zum leblosen Ruinenfeld. Übernachtungsmöglichkeiten gibt es in Sawakin nicht, aber ein Ausflug in die für uns so fremde Welt ist durchaus zu empfehlen.

Port Sudan

Die moderne Hafenstadt mit dem einzigen Hochseehafen des Landes ist heute mit Abstand die wichtigste Stadt an der sudanesischen Küste. Unter anderem ist sie Zentrum eines intensiven Viehhandels zwischen dem Sudan und Saudi-Arabien. Jahrhundertelang hieß der Ort Marsa Sheikh Barghut, nach einem Schutzheiligen der Matrosen.

Als der britische Konsul in Ägypten, Lord Crowner, 1906 den Ausbau zum modernen Hafen, dem „Port of Sudan“, anordnete, begann für die Stadt eine neue Zeitrechnung. In nur wenigen Jahren übernahm sie alle wichtigen Funktionen, die vorher Sawakin ausgeübt hatte. Mit der Industrialisierung und Urbanisierung wurde sie zur wichtigsten modernen Hafenstadt an der sudanesischen Küste.

Eine allmähliche Industrialisierung begann in Port Sudan nach dem 2. Weltkrieg. Es entstanden unter anderem eine Reifenfabrik, eine Getreidemühle und seit 1963 eine für das ganze Land arbeitende Ölraffinerie (Exxon).

Das weithin sichtbare Wahrzeichen der Stadt ist der zwischen 1964 und 1968 erbaute Getreidesilo im Ölhafen. Die Innenstadt ist von kolonialer Architektur geprägt. Hier bestimmen zweistöckige Gebäude aus Zement mit feinen Teakholz-Balkonen das Straßenbild. Um die Stadt herum ziehen sich verschiedene Vororte, in denen die weniger wohlhabenden Menschen leben. Im Südwesten entstand in den 40er Jahren die Pilgerstadt Deim Fellata, im Westen liegt das riesige Slumviertel Deim Arab. Hier verkaufen Berghirten unter anderem Tiere, Milch, Holzkohle und Holz. Eine Erkundung dieser Vororte ist ein Erlebnis: Alle haben ein Zentrum mit Läden und Marktständen und unterscheiden sich je nach Herkunft ihrer Bewohner voneinander. Auf dem Hauptmarkt im Zentrum ist alles erhältlich, was im Sudan an Lebensmitteln zu erwerben ist. Direkt am Hafen befindet sich ein Duty-free-Shop in einem großen, im Kolonialstil erbauten Steinhaus.

In Port Sudan gibt es verschiedene Hotels und Herbergen, die vor allem während der Pilgermonate überfüllt sind. Sehr beliebt ist die Jugendherberge in Salabonna. Dieser Vorort hat auch einen eigenen kleinen Markt, auf dem

Der Turm steht dekorativ in der Hafeneinfahrt nach Port Sudan.

Bei der Hafenbehörde offenbart sich der arabische Einfluss.

abends an Ständen zum Beispiel gebratener Fisch gegessen werden kann. In Port Sudan selber kann man im Sudan Club sehr gut speisen.
Port Sudan ist eine moderne Hafenstadt, deren Hafen allerdings nicht mehr ausreicht, den Handel des riesigen Landes zu bewältigen. Ein neuer Platz für einen modernen Containerumschlag beim alten Sawakin befindet sich seit Jahren in Planung.

Reiseplanung

Reisezeit

Nahe dem Äquator gelegen zählt der Sudan zu einem der heißesten Länder der Welt. So verwundert es nicht, dass die Hauptsaison in den Wintermonaten liegt. Zwischen November und März ist es zwar tagsüber angenehm warm, in den Nächten kann es allerdings kühl werden. Durch die niedrigen Lufttemperaturen kühlt sich das Oberflächenwasser bis auf 24 °C im Februar/März ab. Wer sich für die Sommermonate entscheidet, sollte auf Temperaturen bis zu 48 °C eingestellt sein. Hinzu kommt eine meist hohe Luftfeuchtigkeit. Auf dem Wasser sorgt der Wind zu dieser Zeit nicht immer für die nötige Abkühlung. Die Wassertemperaturen liegen in den Sommermonaten bei 30 °C.
Die Monate Oktober und November sind mit ihren gemäßigten Lufttemperaturen zwar bereits wesentlich angenehmer, das Wasser ist zu diesem Zeitpunkt allerdings noch sehr warm. Die schönste Jahreszeit für Großfischbegegnungen ist das Frühjahr. Während die Mantas bei Mesharifa Island vor allem im Oktober anzutreffen sind, bevorzugen Hammerhaie die Zeit zwischen Januar und April. Auch die Lufttemperaturen sind zu dieser Zeit erträglicher.

Kleidung

Bei den hohen Temperaturen, vor allem in den Sommermonaten, reicht luftige Kleidung aus. So verbleibt in der Tauchtasche genügend Stauraum für andere Dinge. Im Winter gestaltet sich die Planung ein wenig umfangreicher. Während der Monate November bis März ist es zwar tagsüber angenehm warm, die Nächte können hingegen empfindlich kühl werden. Warme Kleidung im Gepäck darf zu dieser Jahreszeit auf gar keinen Fall fehlen. Zur Kopfbedeckung sollte eine Mütze beziehungsweise ein Stirnband gehören. Warme Pullis und eine winddichte Jacke sind in der Regel erforderlich. Gerade nach zwei oder vielleicht sogar drei Tauchgängen pro Tag kühlt der Körper stark aus. Der Wind nach dem Tauchgang trägt zusätzlich zur Auskühlung bei. So ist es nicht verwunderlich, dass man, falsch gekleidet, bereits vor den nächsten Tauchgängen friert. Neben einem frostigen Tauchgang riskiert man dadurch eine Erkältung und damit eventuell auch kostbare Urlaubstage. Da bei einer Safari, bedingt durch den Seegang, einiges nass werden kann, sollte die Anzahl der Kleidungsstücke eher großzügig bemessen werden.

Sonnenschutz

Im Gegensatz zu heimischen Vorhersagen hält sich das Wetter im Sudan hieran. Kein Wunder, denn die Sonne scheint entlang der sudanesischen Küste nahezu das ganze Jahr über. Trotz der in den Wintermonaten gelegentlich auftretenden Quellbewölkung kommt es zu einem relativ hohen Einfall von UV-Licht. Verstärkt wird dieser durch die Reflektion auf der Wasseroberfläche. Der eventuell vorhandene Wind macht die hohen Temperaturen erträglich und führt schnell zu einer Unterschätzung der intensiven Strahlung. Ein ausgeprägter Sonnenbrand kann, von den Langzeitschäden einmal abgesehen, zum Ende eines Tauchurlaubs führen. Zur Prophylaxe sollte aus diesem Grund zu jeder Jahreszeit luftige, vor Sonne schützende Kleidung getragen werden. Eine entsprechende Kopfbedeckung verhindert einen Sonnenstich. Fehlen dürfen natürlich weder eine Sonnenbrille noch Sonnenschutzmittel mit einem entsprechend hohen Lichtschutzfaktor. Auf einen ausreichenden Schutz ist auch im Schatten und beim Schnorcheln zu achten.

Seekrankheit

Die Störung des Gleichgewichtsorgans kann zur erheblichen Einschränkung einer Tauchausfahrt, wenn nicht sogar zum Abbruch führen. In Abhängigkeit von den Witterungsbedingungen sind in individuellen Abstufungen hiervon ca. 80-90% aller Menschen betroffen. Die Liste der Ratschläge zur Bekämpfung der Seekrankheit ist lang, und zumeist wissen es alle besser als die Betroffenen selbst. Eine gewisse Adaptation ist sicherlich möglich, nur nützt sie nichts, wenn sie am Ende der Bootsfahrt eintritt. Unter dem Motto „Dope is Hope“ greift eine Vielzahl von Menschen zu Medikamenten. Die meisten dieser Wundermittel führen jedoch als Nebenwirkung zu einer mehr oder weniger starken Müdigkeit und somit zu einer eingeschränkten Tauchtauglichkeit. Nebenwirkungsfrei sind lediglich Vitamin B6-Präparate, die allerdings nicht so wirksam sind.

Trockenheit und Durst

Die extrem warme Luft führt trotz der zum Teil hohen Luftfeuchtigkeit über die Atmung und das Schwitzen zu einem erheblichen Flüssigkeitsverlust. Das vom Körper durch die Haut ausgeschiedene Wasser verdunstet augenblicklich, so dass sich der zur Kühlung des Körpers gebildete feuchte Schweiß auf der Haut kaum halten kann. Der mangelnde Schweiß erweckt den Eindruck, man würde kaum schwitzen. Dennoch verliert unser Körper auf diese Weise 5 - 6 Liter Flüssigkeit pro Tag! Gekoppelt mit dem Wasserverlust ist aber auch ein Verlust an Salzen. Hinzu kommt der Verlust von Flüssigkeit durch die Immersion beim Tauchen und den Kaffee- beziehungsweise Alkoholkonsum, der mit einem Tauchurlaub zumeist verbunden ist. Schwächegefühl ist ein typisches Zeichen für Mineralverlust durch Schwitzen. Bedingt durch die Dehydration ist das Risiko eines Dekompressionsunfalls stark erhöht. Aus diesem Grund sollte auf eine ausreichende Trinkmenge, die möglichst nicht aus Kaffee oder alkoholischen Getränken besteht, geachtet werden. Gegebenenfalls ist der Mineralhaushalt des Körpers mit entsprechenden Mineraltabletten auszugleichen.

Ozeanografie des Roten Meeres

Das Rote Meer bildet die natürliche Grenze zwischen der Arabischen Halbinsel und dem afrikanischen Kontinent. Seine enge und lang gestreckte Form ist das tektonische Ergebnis des langsamen, aber kontinuierlichen Auseinanderdriftens der afrikanischen und der arabischen Scholle. Weiterhin wird das Aussehen beeinflusst durch die Aktivitäten des weit entfernt und tief liegenden Carlsberg-Rückens, der auf dem Boden des Indischen Ozeans verläuft. Geologisch betrachtet liegt das Rote Meer in gleicher Richtung wie der Carlsberg-Rücken und kann deshalb – zumindest teilweise – als Ausläufer des Indischen Ozeans angesehen werden. Im Grunde ist das Rote Meer jedoch ein richtiger Ozean, wenn auch von kleinerer Dimension.
Seine Entwicklung zu einem eigenständigen Nebenmeer des Indischen Ozeans begann vor rund 40 Millionen Jahren. Aus Richtung des heutigen Mittelmeeres wurde die Region während des Oligozäns mehrmals überflutet. Die für die heutige Form des Roten Meeres entscheidende Veränderung trat im Laufe des Miozäns vor rund 5 bis 25 Millionen Jahren ein. Die Verbindung zum Mittelmeer wurde immer schmaler, bis auf eine kleine Meerenge, die auf der Höhe von Suez übrig blieb. Zu der Zeit war es noch völlig vom Indischen Ozean isoliert.
Die endgültige „Geburt" des Roten Meeres und ihre Entwicklung zu einem hypersalzigen See fand vor rund 5 Millionen Jahren infolge der wieder einsetzenden Verschiebung der Kontinentalschollen statt.
Die afrikanische Kontinentalplatte schob sich nach Norden, dadurch hob sich das angrenzende Land und schloss die Meerenge von Suez. Die Arabische Halbinsel löste sich vom afrikanischen Kontinent und begann kreisförmig zu rotieren. Dies bewirkte eine schmale Öffnung zum Indischen Ozean. Dessen Wasser drang ein, und damit entstand eine neue Flora und Fauna im Roten Meer. Der Hauptgrund, warum dieses Becken im Grunde ein eigenständiges kleines Meer darstellt und kein einfaches Anhängsel des benachbarten Ozeans ist, ist die Meerenge von Bab el-Mandeb. Diese hohe Schwelle bildet eine natürliche Grenze, die zusammen mit den wiederholten Veränderungen von Salzgehalt und Wassertiefe, die mit dem Vordringen und dem Rückgang der kontinentalen Gletscher einhergingen, die Pflanzen und Tiere entscheidend mit beeinflussten. Hierdurch entstanden spezielle Umweltbedingungen, so dass Lebensformen, die nicht in der Lage waren sich anzupassen, ausstarben. Die Spezies, die überlebten, veränderten sich. Bei manchen war diese Veränderung in ihrer Form und in ihrem Verhalten so stark, dass ihr ozeanischer Ursprung fast in Vergessenheit geriet. Die Anpassung ging so weit, dass man-

che Tiere und Pflanzen ausschließlich im Roten Meer vorzufinden sind. Diese Region stellt somit ein eigenständiges und besonderes zoographisches Gebiet dar.
Gegenwärtig erstreckt sich das Rote Meer auf einer Gesamtlänge von 2240 Kilometern; tatsächlich sind davon aber nur etwa 1900 km von Wasser bedeckt. Typisch ist die grabenartige Struktur mit der parallel verlaufenden West- und Ostküste. Im Norden wird es durch die Sinai-Halbinsel in zwei Nebenmeere gespalten: in den Golf von Aqaba und den Golf von Suez. Der Golf von Suez ist ein flaches Schelfmeer mit einer maximalen Tiefe von 80 Metern. Im Durchschnitt erreicht er nur eine Tiefe von 40 bis 50 Metern. Bei einer Länge von 250 Kilometern und einer Breite von 32 Kilometern kann der Golf von Suez fast als Fortsetzung des Roten Meeres angesehen werden. Starke Sedimentation lässt seinen Boden in Richtung Westen stetig ansteigen. Auf Grund der geringen Tiefe sinkt die Wassertemperatur im Winter bis auf 17 °C ab. Weiterhin wird der flache sandige Grund durch die Nordwinde ständig aufgewühlt. Diese Bedingungen stehen einem üppigen Korallenwachstum entgegen, so dass der Golf von Suez in Bezug auf Artenvielfalt und Umfang nicht an das restliche Rote Meer heranreicht. Anders sieht es im Golf von Aquaba aus. Dieser Grabenbruch mit seinen Steilabhängen und vielfältigen Korallenriffen ist 200 Kilometer lang, 25 Kilometer breit und maximal 1830 Meter tief. Auf Grund dieser Beschaffenheit könnte man beim Golf von Aquaba fast von einem Roten Meer in Miniaturformat sprechen. Die Meerenge von Tiran mit der etwa 250 bis 300 Meter tiefen Schwelle isoliert diesen nördlichen Golf zum Teil ebenso wie die Meerenge von Bab el-Mandeb das Rote Meer. Im Verhältnis zur maximalen Tiefe von 1830 Metern stellt dies geradezu eine Barriere dar. Das Hauptbecken des Roten Meeres beginnt im Süden des Sinai. Seine maximale Breite von 354 Kilometern erreicht das Becken auf der Höhe von Massaua und verengt sich dann langsam in südlicher Richtung. In einer zentral gelegenen Senke auf der Höhe von Port Sudan erreicht der Graben seine maximale Tiefe von 2604 Metern. Ganz im Süden trennt schließlich nur noch die 26 Kilometer breite, zwischen Dschibuti und der jemenitischen Küste gelegene Meerenge von Bab el-Mandeb das Rote Meer vom Golf von Aden, der wiederum in den Indischen Ozean mündet. Dieses nur 150 Meter tiefe Nadelöhr schränkt den Wasseraustausch zwischen dem Roten Meer und dem Indischen Ozean stark ein. Da auch Zuflüsse, die Sediment und Nährstoffe einbringen würden, fehlen, ist der Planktonanteil gering, die Sichtverhältnisse dagegen sind hervorragend.
An der Oberfläche liegen die Wassertemperaturen des Roten Meeres je nach Jahreszeit und geografischer Breite zwischen 17 und 32 °C. Im Gegensatz zum Ozean steigt im Roten Meer die Wassertemperatur eher mit zunehmender Tiefe. Dieses einzigartige Phänomen hat seine Ursache vor allem in der Tiefe der zentralen Gräben, wo das Wasser mit der Lava des Erdmantels in

Eine Schnorchlerin beobachtet die Riffkrone.

Kontakt kommt. Eine starke Durchmischung des Oberflächen- und des Tiefenwassers sorgt dafür, dass der gesamte Wasserkörper kein großes Temperaturgefälle aufweist. Dafür dürften, neben der thermischen Komponente, auch die ständigen Winde und die starke Verdunstung sorgen. Da keine nennenswerten Zuflüsse existieren und auch kaum Niederschlag fällt, verdunstet sehr viel Wasser. Dadurch erhöht sich dessen Salzgehalt und damit die Dichte. Das aufgewärmte schwerere Oberflächenwasser sinkt in die Tiefe und bei Bab el Mandeb auch in den Indischen Ozean. Zwar strömt an der Oberfläche salzärmeres Wasser in das Rote Meer hinein, trotzdem ist der Salzgehalt mit 42 Promille deutlich höher als in allen anderen Weltmeeren. Gezeiten spielen in dieser Region keine große Rolle, da der Tidenhub bei ungefähr einem halben Meter liegt und es sich hierbei nur um leichte, so genannte Mitschwingungen des Indischen Ozeans handelt. Das Rote Meer zeichnet sich durch sehr gut entwickelte Riffe und einen außergewöhnlichen Artenreichtum an Unterwasserflora und -fauna aus. Bemerkenswert ist trotz der nördlichen Lage die hohe Konzentration an Riffen. Im Gegensatz hierzu zeigen die auf gleicher Höhe liegenden Küsten der Arabischen Halbinsel und des Indischen Ozeans eine vergleichsweise bescheidene Entwicklung.

32 Zabargad
33 Rocky Island
Rotes Meer
Bir Shalatein
1 Shab Abu Fendera
Ägypten
Ras Abu Drah
Ras Abu Fatimah
Halaib
Sudan
2 Elba Reef
Marsa Umbeila
3 Levanzo
N
Marsa Hamsiat

Tauchplätze nördlich von Port Sudan

Port Sudan teilt die sudanesische Küste in einen Süd- und einen etwas längeren Nordteil auf. Es bildet für den größten Teil der Tauchgäste den Ausgangspunkt für ihre Ausfahrten in die sudanesischen Gewässer. Nur ein kleiner Teil der Touristen kommt mit Safaribooten aus dem nördlich gelegenen Ägypten. Ziel der meisten Tauch-Kreuzfahrten, sowohl für die aus Ägypten als auch die aus Port Sudan startenden Boote, bildet der Nordteil der Küstengewässer. Dort liegt die Mehrzahl der bekannten Tauchgebiete. So kann zum Beispiel an Angarosh, „der Mutter der Haie“, oder am Shab Rumi getaucht werden. An diesem Riff können die Überreste von Jacques-Yves Cousteau’s legendärer Unterwasserstation Precontinent II erkundet werden. Das Wrack der „Blue Belt“ am Shab Suadi gehört ebenso zu den Höhepunkten des nördlichen Sudan wie Mesharifa Island, wo im Herbst Mantas ihre eleganten Bahnen ziehen. Ein weiterer Grund, warum überwiegend der nördliche Küstenabschnitt als Reiseziel gewählt wird, besteht in den durchschittlich besseren Sichtverhältnissen. Im Süden beeinträchtigen planktonreicheres Wasser und häufig auftretende Sandstürme die Sicht. Für die aus Ägypten kommenden Boote beträgt die Distanz zwischen Hurghada und Port Sudan 480 Seemeilen, wo die nötigen Einreiseformalitäten erledigt werden müssen. Auf Grund der Entfernung verbleibt gewöhnlich keine Zeit, den Süden anzufahren.

1. Shab Abu Fendera

Aus Norden kommend, bildet Shab Abu Fendera den Eingang in die Unterwasserwelt der sudanesischen Gewässer. Die lang gezogene Riffkette liegt 40 Seemeilen südlich von Zabargad Island und liegt somit im ägyptisch-sudanesischen Grenzgebiet. Shab Abu Fendera ist 6 Seemeilen lang und die maximale Breite beträgt 50 Meter. In West-Ost-Richtung verlaufend setzt es sich aus vier Hauptriffen zusammen. Westlich und südlich schließen sich eine größere Anzahl von Korallenblöcken an. Schon aus einiger Entfernung erkennt man auf der Ostseite zwei aus dem Wasser ragende Korallenblöcke. Bei dem meist auftretenden Nordwind kann auf der Südseite, zwischen den Riffpfeilern, geschützt geankert werden. Der sandige Grund ist 20 bis 30 Meter tief und fällt erst weiter vom Riff entfernt auf über 50 Meter ab. Auf der Nordseite erreicht der Grund in Stufen schnell Tiefen von 60 Metern.

Westseite

Das westlichste der vier Hauptriffe ist 300 Meter lang und 30 Meter breit. Vor der Westspitze stehen einige mit Weichkorallen bewachsene Korallenpfeiler.

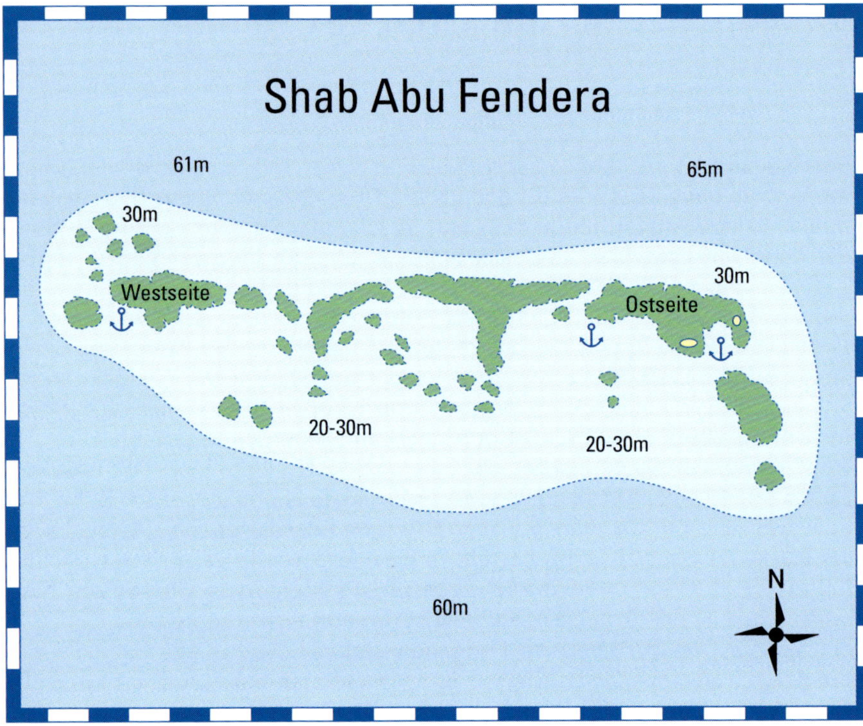

Der Grund verläuft dort in 12 bis 16 Metern Tiefe. In nördlicher Richtung fällt der Meeresboden in einem Schräghang bis auf über 60 Meter ab. Auf der Nordwestseite empfängt den Taucher ein Korallengarten, der von zahlreichen kleinen Riffbewohnern bevölkert ist. Großaugen-Schnapper, Wimpelfische, Rotfeuerfische und verschiedene Papageienfischarten können angetroffen werden. Über Peitschen- und Himbeerkorallen schwimmen Schwärme von Füsilieren und Barakudas. Vereinzelt erblickt man Meeresschildkröten und umherstreifende Weißspitzenriffhaie. Unterwasserfotografen finden reizvolle Motive für Makroaufnahmen. Auf der Südseite stehen große Korallenblöcke, die mit Leder- und Peitschenkorallen besetzt sind. Zwischen denen haben sich auf einzelnen Halden von Korallenschotter zahlreiche Bodenbewohner, wie zum Beispiel Schwanzflecken-Sandbarsche angesiedelt.

Ostteil

Schon von weitem sind die zwei Korallenblöcke zu erkennen, die vom Riffdach des östlichsten der vier Hauptriffe aus dem Wasser ragen. Es gibt zwei Möglichkeiten zu tauchen.

Zum einen kann auf der Westseite, an dem Durchlass zum westlich angrenzenden Hauptriff, getaucht werden. Hier befindet sich der schönste Platz des gesamten Riffes. Auf Grund der meist herrschenden Nordströmung sollte der Tauchgang auf der Nordseite begonnen und dann in Richtung Süden durch den Kanal fortgesetzt werden. Die Wand fällt stufenartig bis auf 15 Meter ab. Auf dem sandigen Grund stehen mehrere Riffpfeiler. Sie sind schön mit Weichkorallen bewachsen. Manche sind vollkommen mit Anemonen bedeckt. Zwischen den Korallentürmen wird der Taucher häufig von großen Schwärmen von Füselieren eingeschlossen. Weiterhin trifft man auf Schwärme von Sohal-Doktorfischen, Kugelkopf-Papageienfischen, Kupferschnappern und Gruppen von Süßlippen.
Einen weiteren Tauchplatz bildet die Ostspitze. Von der Nordseite kommend, kann um die Riffnase herum, in die Bucht hinein getaucht werden. Bei Nordströmung bietet sie einen ruhigen Ankerplatz. Auf der Nordseite reicht die zerklüftete Riffwand bis in 17 Metern Tiefe. An ihrem Fuß beginnt ein flacher Sandgrund, der in Stufen auf über 65 Meter abfällt. In diesem Riffabschnitt wachsen Schwarze, Leder- und Geweihkorallen. Zwischen ihnen verstecken sich Pärchen von Masken-Falterfischen und Grüne Schwalbenschwänzchen. In größeren Tiefen patrouillieren Weißspitzenriffhaie, und mit etwas Glück zieht auch ein Grauer Riffhai vorüber. Nach dem Umrunden der Riffnase kann

Fasziniert inspiziert eine Taucherin die Riffkrone bei Abu Fendera.

auf dem flachen Grund eine Kolonie von Sandaalen entdeckt werden. Neben diesen trifft man auf Wächtergrundeln, die jeweils mit einer Garnele in einer kleinen Höhle zusammen leben. Hierbei handelt es sich um eine Symbiose, bei der die Garnele den Unterschlupf ausgräbt und die Grundel für die Nahrung sorgt und vor Feinden warnt. Die Riffwand ist zerklüftet und bildet zahlreiche Spalten und kleine Höhlen, in denen sich artenreiches Leben angesiedelt hat.

2. Elba Reef

Bekannt geworden ist das Riff durch die „Levanzo", die 1987 durch Zufall an der Südostseite entdeckt wurde. Das längliche Saumriff liegt 10 Seemeilen östlich von Marsa Umbeila. Westlich des Hauptriffes befinden sich zwei weitere Riffe, zwischen denen der Grund nur flach abfällt. In Richtung der Festlandküste erreicht der Meeresboden Tiefen von über 300 Metern. Dem gegenüber fällt der Grund auf der Ostseite rasch auf über 650 Meter ab. An der Riffkante ist mit Strömung zu rechnen. Hierdurch bestehen gute Chancen, verschiedene Haiarten anzutreffen. An die Südostspitze schließt sich ein Plateau an, dass sich durch ineinander verwachsene Korallenblöcke auszeichnet. Auf dieser Seite, etwa 80 Meter vom Riffdach entfernt, liegt kieloben die „Levanzo". Auf dem Nordende des Elba Reef steht aufrecht ein weiteres Wrack, das schon aus großer Entfernung zu sehen ist. Hierbei handelt es sich um die „Cedar Star". Dieses, zur Klasse des Germanischen Loyds gehörende, 1315 BRT große Kühlschiff, hat eine Länge von 71 Metern und ist 10 Meter breit. Es wurde 1961 in Deutschland bei der Sitas-Werft gebaut und fuhr bei seiner letzten Fahrt unter libanesischer Flagge für die Cedar-Stars Company aus Beirut. Am 21.11.1978 lief das Schiff auf das Riff auf und musste aufgegeben werden.

Südseite

Die Südseite ist zerklüftet und fällt stufenartig auf 8 bis 12 Meter ab. Es schließt sich ein mit Korallenblöcken überzogener sandiger Schräghang an, der sich bis in eine Tiefe von 35 Metern zieht. Auf den oberen 15 Metern hat sich ein schöner Korallengarten entwickelt. Hier stehen riesige, ineinander verschachtelte Korallenblöcke, die an der Riffwand kleine Canyons, Überhänge oder Torbögen ausbilden. Zahlreiche Clownfische mit „ihren" Anemonen bevölkern das Riff. Riesige Porites-Bergkorallen stehen über großen Acropora-Tischkorallen. Vereinzelt ziehen große Barakudas über den Schräghang hinweg. Der Artenreichtum an der Riffkrone ist beeindruckend. Zum Südwestende hin verliert das Riff etwas von seiner Vielfalt. Die meisten Tauchgänge an dieser Seite vom Elba Reef beginnen mit einem Abstieg zur „Levanzo". Danach wird an der Südwand ausgetaucht, wobei diese Riffseite „nur zum Austauchen" eigentlich zu schade ist.

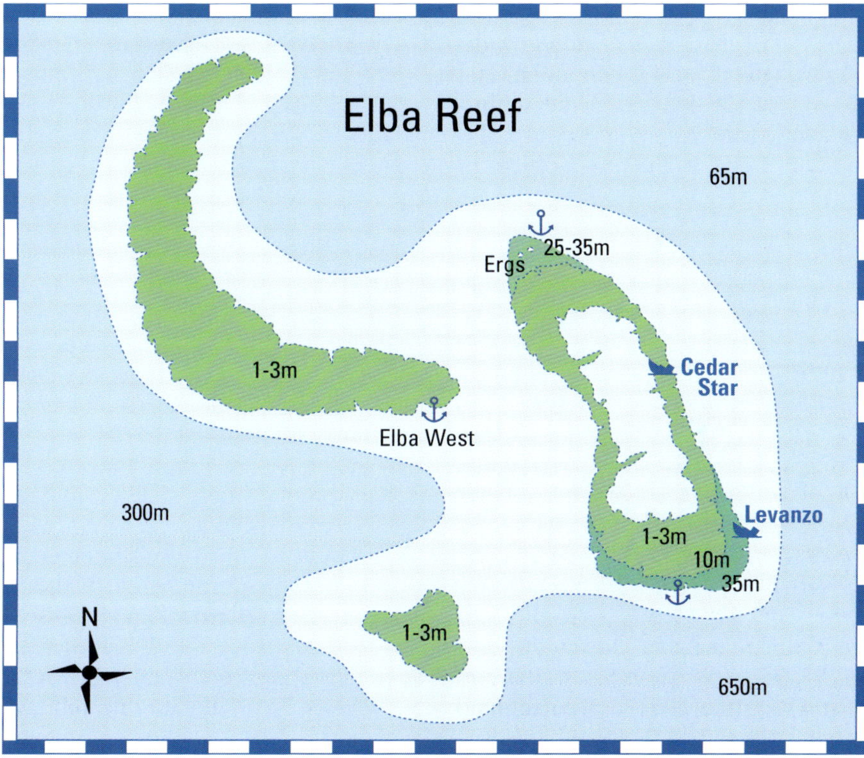

Nordplateau

An die Riffwand des Nordendes schließt sich ein recht üppig bewachsenes Plateau an. Von seinem Ansatz in 12 Meter Tiefe verläuft es seicht abwärts und fällt an seinem nördlichen Rand in 30 Metern Tiefe rasch ab. Das Plateau ist mit kleineren Korallenfelsen durchsetzt. Zwischen ihnen lauern Drachenköpfe auf Beute und Blaupunktrochen durchwühlen den Sand nach Nahrung. Vor allem die größeren Korallenblöcke sind wunderschön mit lilafarbenen Weichkorallen bewachsen. Die steil ins tiefe Blau absinkende Riffwand wird in 45 Metern Tiefe von einem schmalen Hang unterbrochen. Mit etwas Glück können vorbeiziehende Hammerhaie angetroffen werden. Über dem Plateau kreist ein kleiner standorttreuer Schwarm von Barakudas. Vereinzelt sind Weißspitzenriffhaie und Graue Riffhaie anzutreffen. Im Flachwasser ist das Riff mit kleinen Höhlen und Spalten durchsetzt. Zwar bietet die Riffstruktur des Nordplateaus nicht viel aufregendes, Begegnungen mit Haien tragen allerdings stark zur Attraktivität des Tauchplatzes bei.

Auf Sandböden fühlt sich der Blaupunktrochen zu Hause.
Ein Anblick, der das Herz eines Tauchers höher schlagen lässt – eine Schule von Hammerhaien.

In der Dämmerung geht der majestätische Rotfeuerfisch auf Beutefang.

Am Tag ruht der Weißspitzen-Riffhai in Höhlen oder auf offenen Sandflächen.

Elbawest

Dieses eigenständige Riff ist sehr lang gezogen und hat die Form einer Sichel. Am Ostende liegt ein wunderschöner Korallengarten. Wird auf der Südseite der Ostspitze geankert, so kann der Tauchgang bei einem großen Riffeinschnitt begonnen werden. Die zerklüftete Riffwand reicht in eine Tiefe von 8 bis 11 Metern. Der anschließende sandige Grund fällt seicht ab. Ein neugieriger Napoleon ist hier häufig anzutreffen. Den schönsten und interessantesten Teil erreicht man, indem entgegengesetzt dem Uhrzeigersinn nach Norden um die Ostspitze herum getaucht wird. Zwischen dem Riff und einem großen Felsen befindet sich der Eingang in einen äußerst farbenfrohen und artenreichen Unterwassergarten. Er besticht vor allem durch seine überwältigende Vielfalt an Hartkorallen. Sie bildet viele Spalten und Überhänge, die zum Hindurchtauchen einladen, wodurch leicht die Orientierung verloren gehen kann. Große Porenkorallen mit bunten Spiralröhrenwürmern stehen dicht neben gewundenen Salatkorallen. Zwischen den ausladenden Zweigen von Geweihkorallen suchen aufgeregte grüne Schwalbenschwänzchen Schutz. Gelegentlich triff der Taucher auf einen riesigen Schwarm junger Buckel-Schnapper, der von mehreren Napoleons durch das Riff begleitet wird. Der farbenfrohe Artenreichtum reicht bis dicht unter die Wasseroberfläche.

3. „Levanzo“

Ein Taucher überfliegt das Plateau im Norden des Elba Reef.

Maximale Tiefe:	75 Meter
Minimale Tiefe:	16 Meter
Strömungen:	Zum Teil starke Strömungen
Sicht:	Gut bis sehr gut
Schwierigkeiten:	Tauchen ist nur bei wenig Wind und Seegang möglich, da das Wrack an der Riffaußenkante liegt.

Stapellauf:	März 1901
Bauwerft:	Fill. Orlando e.C. Livorno, Italien
Flagge:	italienisch
Reederei:	Soc. Marittima Italiana, Neapel
Länge über alles:	113 Meter
Breite:	15,4 Meter
Seitenhöhe:	keine Angaben
Tiefgang:	5,74 Meter
Tragfähigkeit:	2.409 Tonnen
Vermessung:	3.875 BRT
Antrieb:	1x3 Zylinder Dampfmaschine
Leistung:	unbekannt
Geschwindigkeit:	unbekannt
Kapitän:	unbekannt
Besatzung:	unbekannt
Passagiere:	unbekannt
Verluste:	unbekannt
Ladung:	Stückgut, Fässer, zahllose Chianti-Flaschen
Letzte Fahrt:	Von Genua nach Durban
Gesunken:	14.3.1923
Ursache:	Bei schwerer See vom Kurs abgekommen und auf das Elba Reef aufgelaufen

Wie so oft beruht die Entdeckung der „Levanzo“ auf einem reinen Zufall. 1987 ankert die „Lady Jenny“ auf dem Rückweg von Port Sudan nach Ägypten am Elba Reef. Hierbei stoßen die Taucher auf ein über 100 Meter langes, unbekanntes Wrack. Ein Jahr später wird die Schiffsglocke mit der Aufschrift „Levanzo“ geborgen. Im italienischen Schifffahrtsregister kann der Frachter später als die 1901 bei Filli. Orlando e.C. in Livorno gebaute „Levanzo“ identifiziert werden. Zwar hieß das Schiff zunächst „Isola di Levanzo“ wurde aber 1902 in „Levanzo“ umbenannt. Angetrieben wurde das 113 Meter lange Schiff mit einer Verdrängung von 3875 BRT von einer dreizylindrigen Dampfmaschine mit 269 PS. Wie alle älteren Schiffe dieser Bauart verfügte es nur über

Der spärliche Bewuchs zeichnet das Vorschiff der Levanzo aus.

Das Südplateau am Elba Reef wird vom gewaltigen Heck dominiert.

ein Haupt- und ein Zwischendeck. Die letzte Fahrt sollte das Schiff von Genua ins südafrikanische Durban führen. Das Dampfschiff der Reederei Soc. Marittima Italiana ist mit Stückgut beladen, als es am 14. März 1923 bei schlechtem Wetter auf das Elba Reef aufläuft. Die genauen Umstände des Untergangs wurden nie vollständig geklärt. Da das Wrack aber nur Beschädigungen am Bug aufweist, muss es das Riff frontal gerammt haben. Weiterhin spricht die Tatsache, dass sich zwischen dem Heck und der Riffkante keine weiteren Trümmer entdecken lassen, dafür, dass das Schiff erst beim Sinken kenterte. Die zur Steuerbordseite weggeknickten Masten, Ladebäume sowie der Schornstein legen die Vermutung nahe, dass die Grundberührung zuerst hier stattgefunden hat.

Heute liegt die „Levanzo“ mit dem Kiel nach oben in einem Winkel von 90° zum Riff. Ihr Heck mit der fotogenen Schraube findet sich in 18 Meter Tiefe, von wo aus sich der Rumpf über ein schräg abfallendes Plateau bis zum Bug in 75 Meter Tiefe zieht. Am besten beginnt man seinen Tauchgang auf der Terrasse am Heck mit der alten Ruderanlage sowie der vierblättrigen Schraube. Von hier aus geht es entlang der Backbordwand in Richtung Mittschiff. Die nach Norden ausgerichtete Steuerbordseite befindet sich fast immer im Schatten. Auch liegen hier weniger Trümmer neben dem Schiff. Der unbeschädigte Rumpf weist einen üppigen Bewuchs an Hart- und Weichkorallen auf. Rechterhand bedecken einige Wracktrümmer den Grund. Im Bereich der hinteren Laderäume kann unter dem Wrack hindurchgetaucht werden. Dort türmen sich Fässer, der Achtern-Ladebaum sowie Überreste der Aufbauten übereinander. Mit etwas Glück lassen sich hier einige der bei Sammlern sehr beliebten bauchigen Chianti-Flaschen entdecken. Ihre Korbumhüllungen sind allerdings längst verrottet. In den weiteren Kisten finden sich Whisky-, Wein- und die langhalsigen Livornoflaschen. Die Zwischendecks im Achternladeraum sind teilweise zusammengebrochen und ermöglichen ein bequemes Betauchen. Die zu Stäben gepressten Schwefelstangen sollten vermutlich zur Sprengstoffherstellung in den südafrikanischen Diamantminen dienen.

Im Mittschiffbereich neben dem Rumpf finden sich die Überreste der Aufbauten. Über dem Meeresboden verteilt liegen Relingabschnitte, Windhutzen, Wandplatten, Ladebäume und Masten sowie der abgebrochene Schornstein. Das Trümmerfeld lässt erahnen, mit welcher Wucht das Schiff auf dem Grund aufgeschlagen sein muss. Auch hier ist ein vorsichtiges Betauchen der Innenabschnitte des Wracks möglich. Die schmalen Gänge der Aufbauten haben allerdings wenig zu bieten.

In 45 Meter Tiefe ist die Levanzo in Höhe des Kohlebunkers durchgebrochen. Das nach Nordosten abgewinkelte Vorschiff zieht sich von hier aus über einen steilen Abhang bis auf 75 Meter Tiefe. Im Gegensatz zum Heck ist es nur um etwa 110 Grad nach Steuerbord verkippt. In 55 Meter Tiefe befinden sich die

Marsa Hamsiat
Rotes Meer
Marsa Shianab
4 Pfeiffer Reef
5 Shab Qumeira
Ras Abu Shagrab
Marsa Odubn
6 Shab Felix
7 Jazirat Bayer
8 Mesharifa
9 Abington Reef
10 Angarosh
11 Merlo Reef
Jazirat Magarsam
12 Jazirat Mayteb
13 Qita 'el Banna
Juzur Telat
Sudan
14 Gurna Reef
Marsa Arakiyai
15 Shab Suadi
16 Blue Belt
17 Shab Rumi
18 Precontinent II
Marsa Daror
N
19 Sanganeb Reef
Port Sudan
20 Wingate Reef
21 Umbria

Pfeiffer Reef
30m
3m
100m
6m-Sockel
Erg
20m
1m
200m
2m
40m
15m
Erg
130m
40m
60m
N

Überreste der Brücke sowie die darunter liegende Offiziersmesse. Die wunderschönen Kristallgläser, die hier einst lagen, sind längst entwendet worden. Die Decksbeplankung ist dem Zahn der Zeit zum Opfer gefallen und gewährt einen Einblick in das Innere des Rumpfes. Mit über 60 Metern liegt dieser Abschnitt allerdings deutlich unterhalb der Grenze für Sporttaucher.

4. Pfeiffer Reef

Das kleine, fast dreieckige Riff liegt nur 2 Seemeilen vor der Festlandküste, ungefähr auf der Höhe von Marsa Shianab. Es gehört zwar nicht zu den spektakulärsten Riffen des Sudan, dennoch erwartet den Taucher eine artenreiche Unterwasserwelt. An den Steilabfällen der Nord- und Ostseite sowie des Südplateaus ziehen vereinzelt Haie vorüber. Aber auch die zerklüftete Außenwand im Flachwasser mit ihrem Korallenbewuchs und die vielen Arten von kleineren Riffbewohnern wecken das Interesse des Betrachters. Auf Grund der Küstennähe ist die Strömung nicht so stark wie bei weiter vorgelagerten Tauchplätzen.

Westseite

Beginnend vom Schelf des Nordendes erwartet den Taucher innerhalb der ersten 10 Meter eine zerklüftete, überwiegend senkrechte Riffwand. Zum Teil überhängend ist sie mit Prachtkorallen besetzt und bildet zahlreiche Spalten und Höhlen aus. Sie können teilweise betaucht werden. Auf dem sich anschließenden Schräghang haben sich vor allem Hartkorallen angesiedelt. Unterhalb schließt sich eine 10 Meter hohe Wand an, die in einen rasch abfallenden sandigen Grund ausläuft. Auf halbem Weg zur Südspitze liegt ein großer, überhängenden Korallenvorsprung, an dessen Fuß nicht selten ein großer Zackenbarsch liegt. Zwischen Hirn- und Tischkorallen trifft man gelegentlich Meeresschildkröten.

Ostseite

Sie fällt auf den oberen 20 Metern senkrecht ab und ist stark zerfurcht. Zu entdecken gibt es in den Spalten zwar nur wenig, vormittags tauchen jedoch einfallende Sonnenstrahlen die Eingänge in ein bizarres Licht. Der Flachwasserbereich ist mit unterschiedlichen Korallen bewachsen, zwischen denen sich zahlreiche kleine Riffbewohner tummeln. An der gesamten Ostseite schwimmen große Schwärme von Rotmeer-Füsilieren und Juwelen-Fahnenbarschen. Am nördlichen Ende steht dicht vor der Außenwand ein großer Korallenpfeiler. Durch einen bis in sechs Meter Tiefe aufsteigenden Sockel ist er mit dem Riff verbunden. In südlicher Richtung schließt sich in 20 Meter Tiefe ein schmales Schelf an. Unterhalb dieses Sockels verläuft die Riffwand fast lotrecht. Auf halbem Weg zum Südplateau befindet sich in über 40 Meter Tiefe ein kleiner Schräghang, der an seiner Unterkante ebenfalls senkrecht in die Tiefe abfällt. Mit etwas Glück lassen sich Silberspitzenriffhaie, Graue Riffhaie und manchmal auch große Hammerhaie antreffen. Trotz der möglichen Begegnungen mit Großfischen sollte auf die teilweise starke Strömung geachtet werden. Am südlichen Ende geht das Schelf in das Südplateau über.

Südplateau
Die Südwand ist, wie am gesamten Pfeiffer Reef, von großen Spalten durchzogen. Das lange schmale Plateau ist bis zu seiner Spitze leicht abwärts geneigt und erreicht an seinem Ende 35 Meter. Es ist fast vollständig mit Weichkorallen überwuchert. An seinem Ansatz in 12 Metern stehen einige große Tischkorallen. Mitten auf dem Plateau siedelt eine Gruppe von Prachtanemonen. Begegnungen mit patrouillierenden Weißspitzenriffhaien oder Grauen Riffhaien sind auch hier möglich. Der obere Bereich ist eher flach, das Südende hat die Form eines Sockels. Auf der Ostseite befindet sich in 17 Metern ein großer bewachsener Korallenblock, der schöne Motive für Unterwasserfotografen bietet. Über dem Plateau zieht häufig eine Gruppe von großen Barakudas ihre Bahnen. Wendet der Taucher seinen Blick über die steil abfallende Außenwand in das Freiwasser, so kann er mit etwas Glück Einfarben-Tunfische im fernen Blau erkennen.

5. Shab Qumeira
Das lang gezogene Riff kündigt sich schon aus einer Entfernung von ungefähr 4 Seemeilen durch sein auf dem Nordteil aufliegendes Wrack an. Hierbei handelt es sich um ein 2.000 BRT großes Drei-Mast-Trampschiff. Es wurde nicht auf einer festen Route eingesetzt, sondern transportierte wie ein Lasttaxi Ladung, wo immer sie sich anbot. Inzwischen hat der Zahn der Zeit stark an dem Wrack genagt. Der Rumpf ist zum großen Teil verrottet. Das Mittschiff bildet einen eigenen Komplex. Bug und Heck sind seewärts verdreht, und auf der heutigen Wasserlinie haben die Wellen den Rumpf so weit zerfressen, dass stellenweise durch ihn hindurch gesehen werden kann. Shab Qumeira liegt dicht an der sudanesischen Küste, auf Höhe der Halbinsel von Ras Abu Shagrab. Das Riff hat eine Länge von 5,5 Seemeilen und die Form einer Banane, deren Enden zur Küste zeigen. Die beiden Riffspitzen sind nur eine Seemeile von der Festlandküste entfernt. Ein gelbes Seezeichen markiert die südliche Durchfahrt. Nordwestlich vom Wrack fällt ein Felsen auf, der aus einiger Entfernung und mit etwas Phantasie einem vor Anker liegenden Boot gleicht. Shab Qumeira wird nur selten von Safaribooten angelaufen, obwohl es an seiner Innenseite einen geschützten Platz zum Ankern und Tauchen bietet.

Immer wieder ragen Gorgonien am Pfeiffer Reef ins freie Wasser und verdunkeln die Sonne.

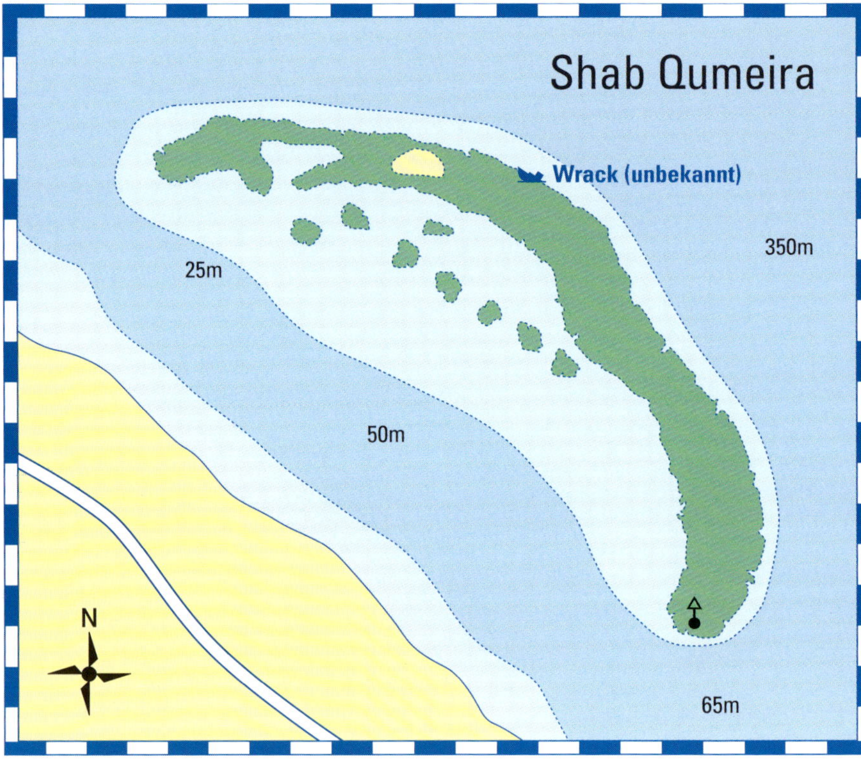

Innenseite

Der Grund erreicht im Umkreis der Korallenpfeiler Tiefen von bis zu 20 Metern – ein geeigneter Platz für Nacht-Tauchgänge. Für den geübten Taucher ist dieser Bereich nicht sehr spektakulär, aber trotzdem gibt es auch hier immer etwas Interessantes zu erspähen. Putzergarnelen verstecken sich in kleinen Höhlen, schlafende Papageienfische oder umherstreifende Muränen sind zwischen den Korallen zu entdecken. Vereinzelt trifft man auf Meeresschildkröten. Am Nordende, innerhalb einer Lagune, liegt ein weiterer, nicht häufig angelaufener geschützter Ankerplatz. Der Zugang ist sehr eng, sodass es für Safariboote gefährlich sein kann, in die Lagune hineinzufahren. Für einen Tauchgang hat sie nicht viel zu bieten.

Ostseite

An der Außenseite von Shab Qumeira können bei meist leichter bis mittlerer Strömung Tauchgänge durchgeführt werden. Die zerklüftete Riffwand fällt steil ins tiefe Blau ab. Große Schwärme von Füsilieren und Stachelmakrelen schwimmen an ihr entlang. Die Wand ist nicht übermäßig bewachsen, dennoch gibt es viel zu entdecken. So fallen zum Beispiel die in diesen Gewässern allgegenwärtigen Schwärme von Juwelen-Fahnenbarschen auf, die beim Näher kommen wie auf Kommando dicht an der Korallenwand Schutz suchen. Verschiedene Arten von Papageienfischen streunen umher, und etwas entfernt von der Riffwand ziehen einzelne Napoleons ihre Bahnen. Der Grund erreicht östlich des Riffs rasch Tiefen von über 380 Metern. Unterhalb von 25 Metern können vereinzelt patrouillierende Weißspitzenriffhaie angetroffen werden.

6. Shab Felix

Südlich der Halbinsel von Ras Abu Shagrab schließt sich eine Gruppe von kleineren Riffen an, zu der auch Shab Felix gehört. Diese bildet die nördliche Begrenzung einer Vielzahl von Korallenriffen, die sich auf das Gebiet

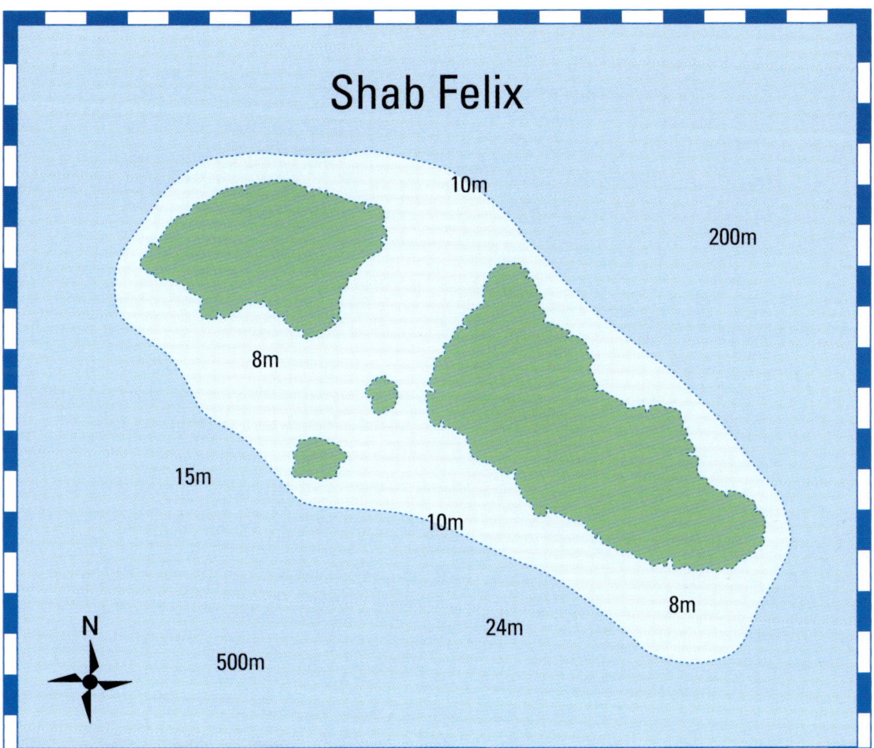

zwischen Ras Abu Shagrab und Juzur Telat erstrecken. An diesem Küstenabschnitt entfaltet sich die ganze Pracht des Roten Meeres und lässt das Herz eines jeden Tauchers höher schlagen.
Shab Felix selbst ist ein von Nordwest nach Südost verlaufendes 0,6 Seemeilen langes Riff. Auf der Ostseite fällt der Grund schnell auf über 170 Meter ab, während auf der Westseite der Meeresboden sehr viel flacher absinkt. Durch einen flachen, sandigen Kanal wird es in ein größeres Hauptriff und ein kleineres Nebenriff geteilt. Der Kanal ist bis zu 10 Meter tief und mündet auf der Westseite in eine breite, mit Korallenblöcken besetzte Sandfläche. Dort können schöne Nacht-Tauchgänge unternommen werden. Von verschiedenen Nacktschnecken über umherstreifende Muränen bis zu nachtaktiven Kraken gibt es viel zu entdecken. Das Südende war früher durch ein Seezeichen gekennzeichnet, von dem heute nur noch ein Stumpf vorhanden ist.

Nordostseite
Im Flachbereich ist die Riffwand zerklüftet und bildet viele kleine Höhlen und Vorsprünge. Es können Pärchen von Rotmeer-Wimpelfischen und Juwelen-Zackenbarsche angetroffen werden. An der Riffkrone tummeln sich Pfauen-Kaiserfische und verschiedene Arten von Falterfischen. Am Fuß der Wand schließt sich ein sandiges Schelf an, das in einen Steilhang mündet. Es ist mit Korallenblöcken besetzt und sinkt rasch auf über 60 Meter ab. Blaupunktrochen liegen auf dem Grund, und im riffnahen Freiwasser halten sich Schwärme von Rotmeer-Füsilieren auf. Blickt man an der Kante in die Tiefe, können vereinzelt patrouillierende Weißspitzenriffhaie entdeckt werden.

Südwestseite mit Südplateau
Die Südwestseite wird bestimmt durch ein mit Korallenpfeilern und -blöcken besetztes, sandiges Terrain. Auf dem Grund findet man Bodenbewohner, wie zum Beispiel Wächtergrundeln und Schwanzfleck-Sandbarsche. Innerhalb des Kanals und am Fuß der Riffwand verläuft der Meeresboden in 8 Metern Tiefe. Nach einer kleinen Stufe senkt er sich bis auf 24 Meter ab. An der Südspitze bildet sich in 8 Metern Tiefe ein kleines Plateau aus. Es ist mit kleinen Korallenblöcken besetzt. Zwischen ihnen liegen häufig Weißspitzenriffhaie, und Graue Riffhaie patrouillieren entlang der Plateaukante. In südöstlicher Richtung erreicht der Grund rasch Tiefen von über 150 Metern. Zwar gibt es interessantere Tauchplätze, dennoch bietet Shab Felix einen geschützten Ankerplatz und einen guten Ausgangspunkt, um früh morgens zum Abington Reef aufzubrechen.

Motive im Nahbereich: eine Lederkoralle.

Die nachtaktive Korallenkrabbe zieht sich bei Gefahr schnell in kleine Felsspalten zurück.

Jazirat Bayer
93m
22m
15m
35m
15m
20m
4m
3m
18m
18m
7m
6m
35m
2 m
8m
30m
4m
3m
8m
60m
10m
6m
N

7. Jazirat Bayer

Dieses auch Shambay Island genannte Riff liegt 3 Seemeilen westlich von Angarosh. Im Gegensatz zu seinem bekannten Nachbarn wird es nur angelaufen, um einen Ankerplatz für die Nacht zu finden, oder wenn das Wetter die anderen Tauchplätze unzugänglich macht. Jazirat Bayer fehlen spektakuläre Steilabfälle und artenreiche Korallengärten. Gegenüber den anderen Riffen weist es eine sehr komplexe Struktur auf. Aus diesem Grund findet man immer einen ruhigen Ankerplatz, und es können schöne Nachttauchgänge durchgeführt werden. Vom Südende führt ein Kanal mit einer Tiefe zwischen 7 und 12 Metern in nordwestlicher Richtung in eine Lagune. Diese ist auch von Norden her zugänglich, durch die zahlreichen, sehr eng stehenden Riffblöcke ist die Zufahrt jedoch äußerst gefährlich. Die Einfahrt in das Innere ist mit zwei Seezeichen gekennzeichnet. Auf dem schmalen Riffband, das den Kanal nördlich begrenzt, befinden sich nahe der Einfahrt die Überreste einer Forschungseinrichtung. Die Lagune ist sehr flach und bietet nichts Sehenswertes. Die Südostseite von Jazirat Bayer, an der sich die Zufahrt zur Lagune befindet, fällt schnell auf eine Tiefe von über 70 Metern ab. Die Südwest- und die Nordseite sind durch einen flachen und sandigeren Grund mit zahlreichen Riffpfeilern gekennzeichnet. Zwischen den Korallensäulen und im Innenbereich finden einheimische Fischerboote einen geschützten Ankerplatz.

Nördlich der Laguneneinfahrt (Nachttauchplatz)

Nördlich der Laguneneinfahrt befinden sich in einer Entfernung von ungefähr 700 Metern zwei vorgelagerte Riffe. In dem Kanal zwischen diesen Korallenformationen erreicht der Grund eine Tiefe von 18 Metern. In diesem Bereich können schöne Nachttauchgänge unternommen werden. Die Südseite des nördlich gelegenen Kleinriffes ist zerklüftet und durch viele kleine Einbuchtungen gekennzeichnet. Auf den ersten Blick sieht die Riffwand nicht sehr spektakulär aus, dennoch gibt es während eines Nachttauchgangs in den zahlreichen kleinen Höhlen und Spalten viel zu entdecken. Schlafende Papageienfische, die sich in einem selbst erzeugten Kokon vor Feinden schützen, liegen in kleinen Verstecken, und die rot reflektierenden Augen von Putzergarnelen leuchten im Lampenschein. Nachtaktive Federsterne filtern mit ihren entrollten Armen Plankton aus dem Wasser, und schwarze Riesen-Muränen streifen auf der Suche nach Nahrung zwischen den Korallen umher. Schwenkt man die Lampe am Fuße der Riffwand in Richtung des Freiwassers, sind in 10 bis 12 Metern Tiefe einige Korallenblöcke zu sehen. An deren Ansatz sind manchmal Spanische Tänzerinnen zu finden. Früh morgens kann von diesem Liegeplatz aus zum nahe gelegenen Angarosh, Abington oder Merlo Reef gestartet werden, um dort in den ersten Stunden des Tages auf die großen Jäger der Meere zu treffen. Ganz in der Nähe liegt das für Mantabegenungen bekannte Mesharifa.

Auch die Riesen-Muräne lässt den Putzerfisch gewähren, um von Parasiten befreit zu werden.

Seltener Anblick: Eine frei schwimmende Spanische Tänzerin.

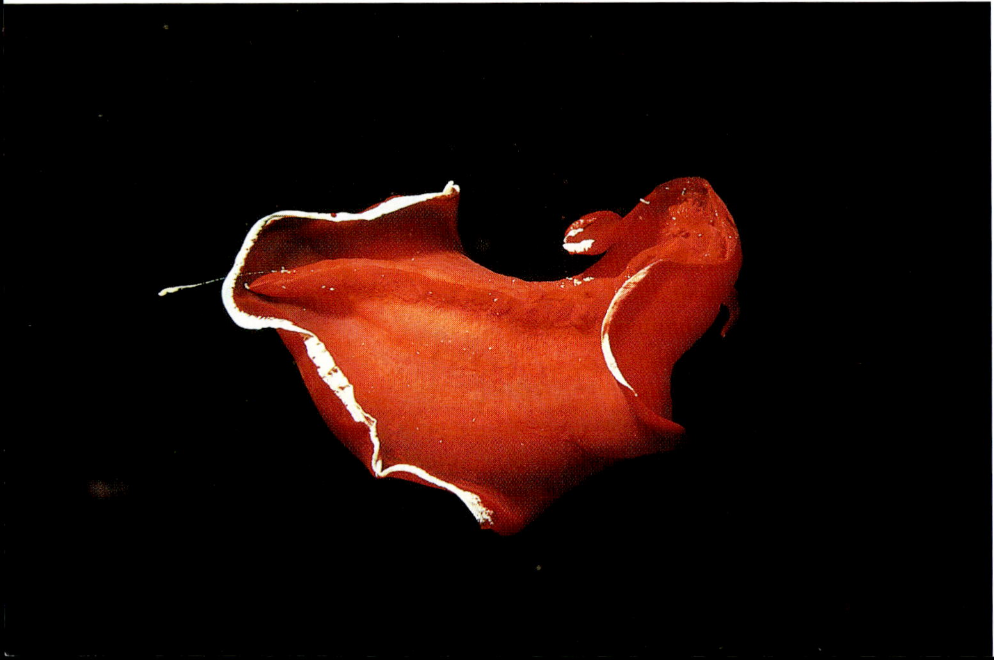

Ein Traum geht in Erfüllung – ein Manta nahe der Oberfläche.

Nordende

Zahlreiche Korallenpfeiler stehen am Nordende von Jazirat Bayer. Der Grund erreicht eine Tiefe von 20 Metern. Seewärts fällt der Meeresboden rasch auf über 90 Meter ab. Entlang der Außenseite des Riffs können verschiedene pelagische Meeresbewohner angetroffen werden. An den Korallenpfeilern entfaltet sich ein recht artenreiches Leben von kleineren Riffbewohnern, das Unterwasserfotografen schöne Motive liefert. Unter kleinen Überhängen verharren Soldatenfische, oder Schwärme von Juwelen-Fahnenbarschen. Ihnen zu Füßen können auf dem sandigen Grund Blaupunktrochen beobachtet werden, die den Boden nach Nahrung durchwühlen. Auch erfahrene Taucher verlieren beim Umrunden der Korallenpfeiler schnell die Orientierung. Neben den Korallenblöcken gibt es die Möglichkeit, an der Außenseite der im Nordosten vorgelagerten lang gezogenen Kleinriffe zu tauchen. Dort können Igelfische und verschiedene Falterfischarten angetroffen werden, und Schwärme von Stachelmakrelen ziehen im offenen Wasser am Riff entlang. Der Grund senkt sich stufenartig rasch auf große Tiefen ab. Begegnungen mit Grauen Riffhaien sind keine Seltenheit.

8. Mesharifa

Von Muhammad Qol an der Festlandküste sind es ungefähr 4 Seemeilen Richtung Osten bis Mesharifa Island. Die flache, dreieckige Insel liegt am westlichen Rand einer vorgelagerten Riffgruppe. An ihrer Basis ist die Insel ungefähr 300 Meter lang. Das umgebende lang gezogene Riff hat eine Länge von 800 Metern und erstreckt sich hauptsächlich nördlich der Insel. An der Südwest- und der Südostspitze liegen im seichten Wasser einige bewachsene Korallenblöcke. Sie laden zum schnorcheln ein. Dieses Riff hat „Innenriff"-Charakter, der ebene Grund ist flach und sandig und der Artenreichtum an Unterwasserflora und -fauna nicht sehr groß. Eine Ursache hierfür sind die vorgelagerten Riffe, die wie eine natürliche Barriere Mesharifa Island vom offenen Meer abschotten. Durch die geschützte Lage ist kaum mit Strömung zu rechnen. Dennoch erfreut sich der Tauchplatz großer Beliebtheit: Vor allem um den Oktober herum trifft man hier große Gruppen von Mantas, die offensichtlich ihre Aufenthaltsorte nach anderen Kriterien aussuchen als wir Taucher. Diese ungewöhnlichen, zur Familie der Teufelsrochen zählenden Meeresbewohner gehören zu den Höhepunkten einer jeden Tauch-Kreuzfahrt.

Mesharifa Island

An der Südseite wird häufig geankert, um die Nacht zu verbringen. Von dort aus können Exkursionen zu den um die Insel verteilt liegenden Korallenblöcken unternommen werden. Wegen der geringen Tiefe von 2 bis 4 Metern bietet es sich an zu schnorcheln. Auf dem Grund trifft man vor allem Bodenbe-

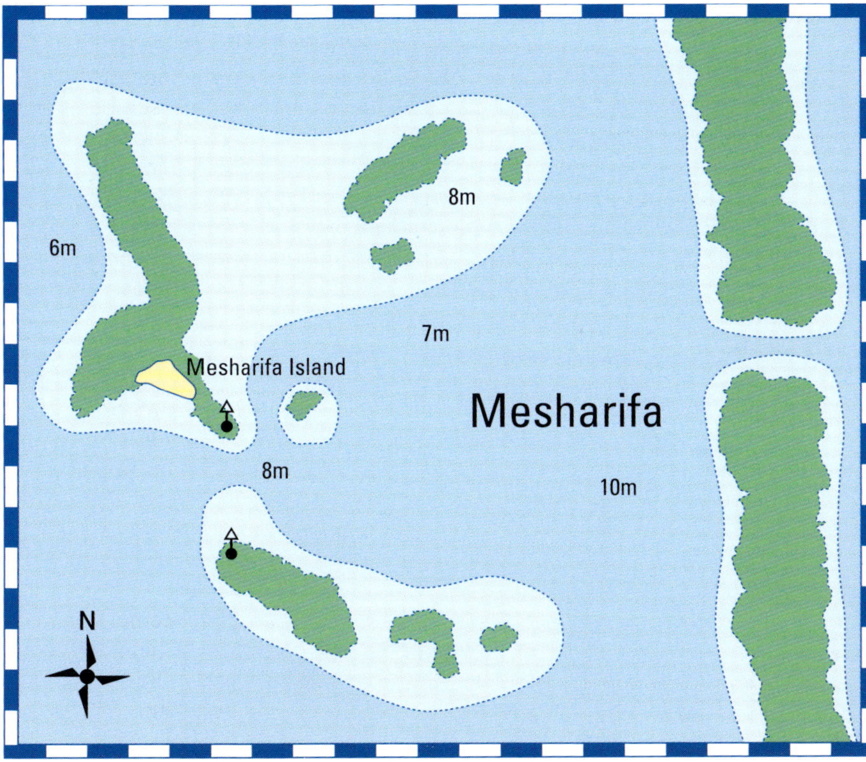

wohner, wie zum Beispiel Sandbarsche oder Eidechsenfische. Ansonsten hat dieser Bereich nicht viel zu bieten. Nur bei einem Nachttauchgang entfaltet sich ein reges Unterwasserleben. Der eigentliche Grund, warum hier vor Anker gegangen wird, ist jedoch der Abschnitt zwischen der Insel und der östlichen Zufahrt. Das Wasser ist trübe und mit 5 bis 10 Meter Tiefe eher flach. Der sandige Grund ist nur stellenweise mit kleinen Korallenblöcken besetzt. Zur entsprechenden Jahreszeit tummeln sich hier Mantas. Diese faszinierenden Meeresbewohner können im Oktober teilweise in Gruppen von über dreißig Tieren angetroffen werden - ein Anblick, der jedes Taucherherz höher schlagen lässt. Außerhalb dieser Saison sind sie nur vereinzelt anzutreffen.

Östliche Zufahrt

Diese Einfahrt bietet einen schönen und nicht sehr tiefen Tauchplatz. Die Ostseite fällt auf den oberen 12 Metern steil ab und mündet in einen sandigen, mit vielen Korallenblöcken besetzten Schräghang. Dominiert wird dieser

Platz hauptsächlich von Stein- und Hornkorallen sowie von zahlreichen Tischkorallen. Unterhalb des Hanges schließt sich in einer Tiefe von 32 Metern eine stark zerklüftete steile Riffwand an. Sie endet auf einem flachen Sandgrund. Neben Schwärmen von Stachelmakrelen lassen sich auch Graue Riffhaie sehen. Wird in westlicher Richtung durch die Zufahrt nach Mesharifa Island getaucht, erwartet den Besucher im flacheren Bereich ein schöner Korallengarten. Dort trifft der Taucher unter anderem auf Fledermausfische, Halbmond-Kaiserfische und Igelfische, die zwischen den Korallen umher schwimmen. Neben den der Küste vorgelagerten Steilwandriffen bietet sich die Gelegenheit, im Flachbereich einen interessanten Tauchgang zu unternehmen.

9. Abington Reef

Ungefähr 4,5 Seemeilen östlich von Jazirat Bayer liegt das Abington Reef. Es gehört zu einer kleinen Kette von Riffen, die der Festlandküste weit vorgelagert sind und wie Nadeln aus dem über 500 Meter tiefen Meeresboden emporragen. Das Abington Reef hat eine dreieckige Form und fällt an den Seiten fast senkrecht in die Tiefe ab. An die Ecken schliessen sich unterschiedlich große Plateaus an. Das größte und am üppigsten bewachsene ist das westliche. Hier entfaltet sich der gesamte Artenreichtum von Unterwasserfauna und -flora des sudanesischen Gewässers. Durch seinen unbemannten, 30 Meter hohen Leuchtturm ist das Riff schon von weitem leicht auszumachen. Er besteht aus einem Metallgerüst, das auf einem rechteckigen Betonfundament steht. Der Turm dient Seevögeln als Rast- und Futterplatz. Die zerhackten Tritonshornschneckenhäuser am Fuße des Turms zeugen hiervon. Nachts ist das Leuchtfeuer noch in einer Entfernung von 20 Seemeilen zu sehen. Aufgrund der exponierten Lage muss mit starker Strömung gerechnet werden. Sie bildet die Nahrungsgrundlage für eine große Anzahl von Stein- und Weichkorallen. Je nach Jahreszeit führt sie verschiedene Haiarten zu diesem Riff.

Südwand mit Westplateau
Bei nördlicher Strömung liegt die Südseite im Strömungsschatten, und es lässt sich ein wunderschöner Tauchgang durchführen. Die Riffwand fällt auf dieser Seite in Tiefen von 20 bis 25 Metern senkrecht ab und geht darunter in einen Schräghang über. Im Flachwasser bis 4 Meter ist sie von kleinen Canyons, Überhängen und Tunneln durchzogen. Dieser Abschnitt lädt auch zum Schnorcheln ein. Im tieferen Teil der Riffwand liegen in Spalten große Zackenbarsche. Schwärme von Juwelen-Fahnenbarschen halten sich eng am Riff. In den Spalten gibt es sonst nur wenig Interessantes zu entdecken, aber die einfallenden Sonnenstrahlen lassen oft einen bizarren Anblick entstehen. In den zum Teil recht großen Grotten suchen Soldatenfische Deckung. Unterhalb des Schräghanges beginnt ein Drop-off, an dessen lotrechter Wand riesige Gorgonien ihre Fächer in die Strömung halten. Das Westplateau erstreckt sich in einem Bereich von 25 bis ungefähr 30 Metern. Das Ende fällt steil ins tiefe Blau ab. An seinem Ansatz steht eine große Tischkoralle, unter der sich gewöhnlich ein großer Zackenbarsch aufhält. Der Boden ist mit kleineren Korallenblöcken überzogen, zwischen denen sich von Zeit zu Zeit ein bis zwei Weißspitzenriffhaie ausruhen. Auffallend sind die zahlreich vorkommenden Peitschenkorallen. Über dem Plateau kreist häufig ein großer Schwarm Barakudas.

Nordplateau mit Westseite
Das Plateau besteht aus zwei Stufen. Die obere liegt bei 5 Metern, die untere bei 15 Metern und senkt sich bis in 25 Meter Tiefe zügig ab. Sie ist schön bewachsen und mit größeren Korallenköpfen besetzt. An der Außenkante können patrouillierende Weißspitzenriffhaie oder Graue Riffhaie angetroffen werden. Auf dem Plateau ist häufig mit starker Strömung zu rechnen, die ein Verweilen mühsam bis unmöglich macht. In diesem Fall kann der Tauchgang an

der nicht so strömungsreichen Westseite entspannt fortgesetzt werden. Die Riffwand fällt hier senkrecht auf 35 bis 40 Meter ab. Sie mündet in einem kleinen Schräghang, unter dem ein Drop-off beginnt. Er reicht bis jenseits der Sporttauchgrenze. Die Wand ist mit zahlreichen Lederkorallen bewachsen, und am südlichen Ende zieht eine kleine Gruppe von Napoleons ihre Kreise. In größerem Abstand ziehen Schwärme von Stachelmakrelen vorbei und bieten Unterwasserfotografen ein schönes Motiv.

Ostseite mit Südostplateau
Auf Grund der auftretenden Strömung bietet sich auf dieser Seite ein Drifttauchgang an. Kommt sie aus Süden, wird auf Höhe des kleinen Südostplateaus begonnen. Dieses fällt zügig bis auf 35 Meter ab und geht dann in eine senkrechte Wand mit vielen Gorgonien über. Die Ostseite des Riffs ist stark zerklüftet und bietet seinen Bewohnern zahlreiche Möglichkeiten, Schutz zu suchen. Schwärme von Blaustreifen-Schnappern und Stachelmakrelen stehen in der Strömung. Der Taucher sollte jedoch auf keinen Fall versäumen, in das tiefe Blau hinaus zu spähen. Große pelagische Fische, wie Hammerhaie oder Grau-Haie ziehen hier vorüber.

10. Angarosh
Die „Mutter der Haie", so lautet die arabische Übersetzung von Angarosh, gehört zu den berühmtesten Tauchplätzen des Sudan. Wie der Name schon sagt: Begegnungen mit den großen Jägern der Meere sind an der Tagesordnung. Es ist dem Taucher kaum möglich, sich der Faszination zu entziehen, die von einer Begegnung mit diesen eleganten Schwimmern ausgeht. Die nur wenige Meter aus dem Wasser ragende Insel hat eine lang gezogene Form und liegt 2,5 Seemeilen südsüdwestlich vom Abington Reef. Das umgebende Riff weist eine eher dreieckige Form auf und fällt an seinen Außenseiten steil in die Tiefe ab. Am Südende befindet sich ein kleines, am Nordende ein großes Plateau. Beide Plätze sind für mögliche Begegnungen mit verschiedenen Haiarten bekannt. Die Anzahl der Tiere ist von der Jahreszeit und der Wassertemperatur abhängig.
Das Riffdach ist von vielen kleinen Einschnitten durchsetzt, die tief in das Riff hineinragen. Durch die exponierte Lage muss mit starker Strömung gerechnet werden. Dies ist auch ein Grund dafür, dass auffallend große Schwärme von unterschiedlichen pelagischen Fischen anzutreffen sind. Am gesamten Riff zeigt sich der Artenreichtum des Roten Meeres mit seinen Stein- und Weichkorallen und seinen vielfältigen Bewohnern. Dem Taucher bietet sich eine überwältigende Fülle an Unterwasserleben.

Der territorial lebende Juwelen-Zackenbarsch bevorzugt den äußeren Riffbereich.

Weichkorallen bestechen durch ihren filigranen Aufbau.

270m
Plateau
bis 60m
30m
20m
Höhle
1-3m
Angarosh
450m
Höhlen
25m
50m
N
300m

Nordplateau mit Ostseite

Am Nordende nach Nord-Osten weisend liegt das große Plateau. An seinem Ansatz in 18 Metern Tiefe gibt es in der Riffwand eine große Höhle, die von zwei Anemonenfischpärchen mutig verteidigt wird. Das Plateau sinkt gleichmäßig bis auf 30 Meter ab, um sich nach einem Absatz in 40 Meter fortzusetzen. Jenseits der Sporttauchgrenze entschwindet seine Spitze steil im tiefen Blau. Der sandige Grund ist mit vielen kleineren, mit Weichkorallen bewachsenen Gesteinsköpfen überzogen. Peitschenkorallen ragen empor und bilden an manchen Stellen geradezu kleine Wälder. Häufig kreist hier ein standorttreuer Schwarm von Barakudas. Vor allem an der Plateauspitze muss mit stärkerer Strömung gerechnet werden. Wagt sich der Taucher trotzdem bis zur Kante vor, kann er vor allem in den Morgenstunden die Meeresbewohner antreffen, die diesen Tauchplatz so berühmt gemacht haben: Schulen von Bogenstirnhammerhaien kommen neugierig näher und lassen auch das Herz des Tauchers höher schlagen. Die auf dem Plateau patrouillierenden Weißspitzenriffhaie nehmen dabei eher eine Nebenrolle ein. Nicht selten kommt es vor, dass auch Mantas vorbei schauen. Ruhig ziehen diese Giganten ihre Bahnen über dem Plateau. Die Außenseite bildet zunächst einen steilen Schräghang, um später senkrecht in der Tiefe zu entschwinden.

Je nach Strömungsrichtung kann an der Ostseite des Riffs ausgetaucht werden. Für ein bloßes Austauchen ist diese Seite viel zu schade, denn auch an diesem Riffabschnitt gibt es viel zu entdecken. Südlich des Nordplateaus schließen sich in 10 Meter einige Höhlen an, in denen Schwärme von Glasfischen Schutz suchen. In eine der ersten gelangt man in 4 Metern Tiefe durch einen kleinen nach unten führenden Kamin. Durch den eigentlichen Zugang kann aus der Höhle wieder heraus getaucht werden. Nicht weit vom Plateauansatz entfernt, stößt der Taucher auf einen größeren Korallenblock, der mit Anemonen geradezu überwuchert ist. Im Flachwasserbereich entfaltet sich die gesamte bunte Formen- und Artenvielfalt, die diese Gewässer auszeichnet.

Westwand mit Südplateau

Gegenüber der Ostseite ist die Westseite stärker von Spalten und Überhängen durchzogen. Dadurch entstehen eine Menge Unterschlupfmöglichkeiten für die Riffbewohner. Auffallend sind auch die Ansammlungen von Anemonen, die mit ihren in Symbiose lebenden Clownfischen die Aufmerksamkeit des Tauchers auf sich ziehen. Ähnlich wie an der Ostseite verläuft die Riffwand bis 20 Meter senkrecht. Teilweise ist sie überhängend und geht in 40 Metern in einen mit kleinen Sandflächen durchzogenen Schräghang über. Unterhalb der Wasseroberfläche können Flötenfische beobachtet werden. In Richtung des Südplateaus fallen blaue Rotzahn-Drücker auf, die in großer Anzahl dicht an der Riffwand schwimmen. Um das Südende herum gibt es einen schmalen Flachwasserstreifen, der jedoch auf Grund des Wellengangs zu flach zum Tau-

Merlo Reef
280m
65m
30m
Erg
3m
25m
Freedom
40m
1m
30-35m
20-25m
15m
450m
380m
N

chen oder Schnorcheln ist. Er ist mit eine Vielzahl bunter Riffbewohner bevölkert. Unterhalb dieses Abschnittes befinden sich in der Riffwand größere Höhlen. Das kleine Plateau fällt in zwei Stufen bis auf 45 Meter Tiefe ab. Auf der ersten Stufe stehen in ungefähr 20 Metern einige schön bewachsene Korallenblöcke. Auf Höhe der zweiten beginnt das Revier der pelagischen Großfische. Je nach Jahreszeit bestehen gute Chancen, verschiedenen Haiarten zu begegnen. Die Außenwand des Plateaus entschwindet steil im tiefen Blau.

11. Merlo Reef

Das längliche Riff befindet sich 1,2 Seemeilen südwestlich von Angarosh. Es ragt wie Angarosh und das Abington Reef steil aus dem über 450 Meter tiefen Meeresgrund empor. Im Gegensatz zu seinen beiden Nachbarn fallen die Außenseiten jedoch nicht so steil in die Tiefe ab. An seinem schmaleren Nordende befindet sich ein Plateau, das von einem großen, sehr schön mit Hart- und Weichkorallen bewachsenen Korallenblock dominiert wird. Die West- und Ostseite sind von vielen Spalten und Höhlen durchsetzt. Das Riffdach reicht dicht unter die Wasseroberfläche. Zahlreiche kleine Korallenfelsen ragen aus dem Wasser. Auf der Westseite kann man schon von weitem die Überreste der „Freedom“ sehen. Das österreichische Safariboot lief durch einen Navigationsfehler im Oktober 1999 auf das Riff. Das zweimastige Schiff wurde innerhalb weniger Tage von einheimischen Fischern fast völlig demontiert. Inzwischen sind nur noch der ausgeschlachtete Rumpf und der abgesägte Bugspriet zu sehen. Das Merlo Reef wird häufig von Safaribooten angelaufen. Wegen seiner exponierten Lage muss auch hier mit Strömung gerechnet werden, wobei diese meistens nicht so stark ist wie beim Abington Reef.

Ostseite

Die Riffwand verläuft teilweise überhängend bis zu einer Tiefe von ungefähr 15 Metern senkrecht. In diesem Bereich ist das Riff stark zerklüftet und von vielen Spalten durchzogen. Zahlreiche Riesenmuränen finden dort ein Versteck und warten auf die Nacht, um im Schutze der Dunkelheit ihrer Beute nachzustellen. Manche Spalten sind so groß, dass bequem in sie hineingetaucht werden kann. Innen können im diffusen Licht vereinzelt Korallenbewohner entdeckt werden, die sich vor ihren Feinden verbergen. Am Fuße der Wand beginnt ein leicht abwärts geneigter, schön bewachsener Schräghang. Er ist mit kleinen bis mittelgroßen Korallenblöcken übersät und von vielen Riffbewohnern bevölkert. Der Korallenbewuchs ist so dicht, dass nur kleinere Sandflächen zu finden sind. Auf ihnen ruhen vereinzelt Weißspitzenriffhaie. Neben den verschiedenen Arten von Hart- und Weichkorallen steht, über die gesamte Ostseite verteilt, eine größere Anzahl von Tischkorallen. Daneben haben sich Kolonien von Pracht- und Blasenanemonen angesiedelt. Über dem Schräghang schwimmen Schwärme von Nashorndoktorfischen. An seinem Ende fällt die Außenwand steil in die Tiefe ab. Die Kante verläuft im Norden in einer Tiefe von ungefähr 40 Metern und steigt in Richtung Süden bis in den Bereich von 25 Metern an. In diesem Abschnitt ziehen Gruppen von Napoleons am Riff entlang und nähern sich neugierig dem vorbeischwimmenden Taucher. Unterhalb dieses Abbruchs patrouillieren Weißspitzenriffhaie.

Nordplateau
An der Nordspitze befindet sich ein dreistufiges Plateau. Die erste Stufe umfasst den Flachwasserbereich bis in eine Tiefe von 2 Metern. Auf der Westseite können zwei tiefe Einschnitte leicht betaucht werden. Unter einem kleinen Überhang in 15 Metern Tiefe steht ein Schwarm Glasfische. Am Fuße einer zerklüfteten Riffwand beginnt in 25 Metern die zweite Stufe. Der Grund fällt seicht bis auf 30 Meter ab, um in eine Steilwand überzugehen. Das Plateau ist schön bewachsen. Dominiert wird es jedoch von einem großen Korallenfelsen auf der Westseite. Er ist wunderschön mit Weich- und Steinkorallen überwuchert und bietet Unterwasserfotografen interessante Motive. So trifft man dort unter anderem auf zahlreiche Indopazifik-Sergeants, Ruderbarsche, verschiedene Schnapperarten und Falterfische. Mit etwas Glück lassen sich an der Steilwand Graue Riffhaie beobachten. Darunter kann die dritte Plateaustufe erspäht werden. An ihrem Ansatz bildet sie einen Kanal aus in dem gelegentlich Gruppen von Hammerhaien entlang ziehen. Sie sind auch auf größere Entfernung auf Grund ihrer außergewöhnlichen Kopfform gut zu erkennen.

12. Jazirat Mayteb

5 Seemeilen südwestlich von Jazirat Bayer liegt Jazirat Mayteb. Es besteht aus zwei Inseln, die sich aus einem ausgedehnten Riffdach erheben. Auf der Ostseite fällt das 4,5 Seemeilen lange Riff rasch auf Tiefen von über 300 Metern ab. Die Westseite ist in drei Buchten unterteilt. Der Meeresgrund erreicht auf dieser Seite maximal 90 Meter Tiefe. In den südlichen zwei Buchten stehen mehrere Korallenblöcke, zwischen denen der Grund stellenweise in nur 3 Meter Tiefe verläuft. Ist das Boot erst einmal sicher vertäut, empfängt den Taucher eine interessante Unterwasserwelt. Jazirat Mayteb bietet die Möglichkeit, sowohl an seiner rasch abfallenden Ostseite als auch im Flachwasser an der geschützten Westseite zu tauchen.

Ostseite
Die stellenweise überhängende Ostwand erreicht Tiefen von 10 bis 15 Metern. Gorgonien strecken ihren Fächer in die Strömung. Am Fuße der steilen Riff-

Bizarre Steinkorallenformationen finden sich entlang der zerklüfteten Südostwand des Merlo Reef.

Auf Motivsuche.

Jazirat Mayteb
75m
10m
110m
60m
25m
15m
35m
80m
95m
20m
55m
90m
10m
240m
20m
25m
N

wand schließt sich ein Schräghang an, der sich bis in 35 Meter erstreckt. Über die gesamte Ostseite verteilt stehen einzelne dekorative Tischkorallen. Juwelenbarsche lassen sich an Putzerstationen von lästigen Parasiten befreien. Am Grund zwischen den verschiedenen Hartkorallen strecken Muränen ihre Köpfe aus kleinen Höhlen. Unterhalb des Schräghanges führt der Grund steil in die dunkle Tiefe.

Südwestseite

Vor der Riffwand stehen einige schön bewachsene Korallenpfeiler. Kleine Überhänge bieten Schwärmen von Glasfischen Schutz, und in kleinen Höhlen warten Rotfeuerfische auf die Nacht, um sich im Schutz der Dunkelheit auf die Jagd zu begeben. Auch Nachttauchgänge haben einiges zu bieten. Hierbei können zum Beispiel umherstreifende Kraken oder auf der Lauer liegende Drachenköpfe entdeckt werden. Mit etwas Glück erblickt der nächtliche Besucher auch eine Spanische Tänzerin. Nah am Riff senkt sich der Grund in Richtung des Freiwassers auf Tiefen von ungefähr 55 Metern. Auf der Westseite von Jazirat Mayteb kann stärkere Strömung auftreten. Aus diesem Grund hat sich hier ein recht vielfältiges maritimes Leben entwickelt. An der Südspitze können patrouillierende Weißspitzenriffhaie angetroffen werden.

Tagsüber suchen Hunderte von Glasfischen in kleinen Höhlen Schutz.

13. Qita 'el Banna

Der Festlandsküste weit vorgelagert und fernab von anderen Riffen erhebt sich Qita 'el Banna wie eine Nadel aus dem über 400 Meter tiefen Meeresgrund. Es hat eine ovale Form und das Riffdach reicht dicht unter die Wasseroberfläche. Zwei kleine, schön bewachsene Plateaus befinden sich auf der Nord- und Südostseite. Die Seiten von Qita 'el Banna fallen steil ab. Eine prachtvolle Artenvielfalt von Hart- und Weichkorallen sowie von Riff- und pelagischen Fischen hat sich etabliert. Vor allem in größeren Tiefen bestehen gute Chancen, verschiedene Haiarten, wie zum Beispiel Hammerhaie, anzutreffen. Steilwandtaucher kommen hier voll auf ihre Kosten. Auf Grund der exponierten Lage ist häufiger mit Strömung zu rechnen.

Südostseite

Die stark zerklüftete Riffwand verläuft auf den oberen 15 Metern stellenweise überhängend. Entlang der Wand haben sich viele kleine Canyons ausgebildet, in denen Soldatenfische Deckung suchen. Die Außenseite des Riffs fällt in

Wellen steil ab. Bei 40 Metern bildet sie einen kleinen Sockel, um darunter fast lotrecht im tiefen Blau zu entschwinden. Der Taucher kann auf Gruppen von Riesen-Süßlippen stoßen, die am Hang entlang ziehen - für Unterwasserfotografen ein attraktives Motiv. Am Südende der Wand erstreckt sich bis in 40 Meter Tiefe ein Schräghang. Unter ihm liegt eine große Höhle. Auf dem teilweise sandigen Grund der Höhle ruhen Weißspitzenriffhaie. Farbenprächtige Korallenformationen und die scheinbar bodenlose Tiefe fesseln den Besucher. Sie verleitet jedoch dazu Zeit und Tiefe zu vergessen. Durch die zahlreichen Schwarmfische, wie zum Beispiel Juwelen-Fahnenbarsche, und die vielen kleinen Höhlen hat auch der flachere Bereich jede Menge Interessantes zu bieten. Am Südwestende von Qita 'el Banna schließt sich, ab 15 Metern Tiefe, ein schmales Plateau an. Dieses erreicht zügig 25 Meter, um an seiner Außenkante steil abzufallen. Es handelt sich um kein herausragendes Plateau, dennoch lohnt ein Abstecher. Einzelne große Barakudas ziehen ihre Kreise, und auf dem stellenweise sandigen Grund ruhen manchmal Weißspitzenriffhaie. Mit etwas Glück können hinter der Kante zum Steilabfall wie auch an der gesamten Ostseite umherstreifende Schwarzspitzen-Riffhaie oder Hammerhaie angetroffen werden.

Westseite mit Nordplateau
Die Westseite fällt steil bis in eine Tiefe von über 70 Metern ab. Unterbrochen wird der Steilabfall auf 40 Metern Tiefe durch einen kleinen Sockel. Ähnlich wie die Ostseite ist die Riffwand auf den oberen 10 Metern stark zerklüftet, wodurch sich kleine Höhlen gebildet haben. In diesen können verschiedene Korallenbewohner entdeckt werden. An der gesamten Riffwand ziehen Schwärme von Rifffischen wie Nasendoktorfische oder Gelbkopf-Schnapper entlang. Große Gorgonien strecken ihre Fächer in die Strömung, um planktonische Organismen aus dem Wasser zu filtern. Am Nordende von Qita 'el Banna befindet sich ein kleines, mit Korallenköpfen bewachsenes Plateau. Es beginnt in 10 Metern Tiefe, führt seicht abwärts und mündet an seiner Außenkante in eine Steilwand. Richtet der Taucher seinen Blick an dieser Kante in die Tiefe oder ins Freiwasser, so bestehen gute Chancen, große pelagische Meeresbewohner zu entdecken.

14. Gurna Reef
8 Seemeilen nördlich von Shab Suadi liegt das Gurna Reef. Es handelt sich um ein in Nord-Süd-Richtung verlaufendes längliches Riff, das auf der Westseite einen kurzen und einen langen Ausleger aufweist. Sie werden durch vier große Korallenblöcke umrahmt. Durch die exponierte Lage und den bis über 530 Meter tiefen Meeresgrund können zahlreiche Hochseebewohner angetroffen werden. Vor allem an der Nordspitze und der Ostseite muss mit stärkerer

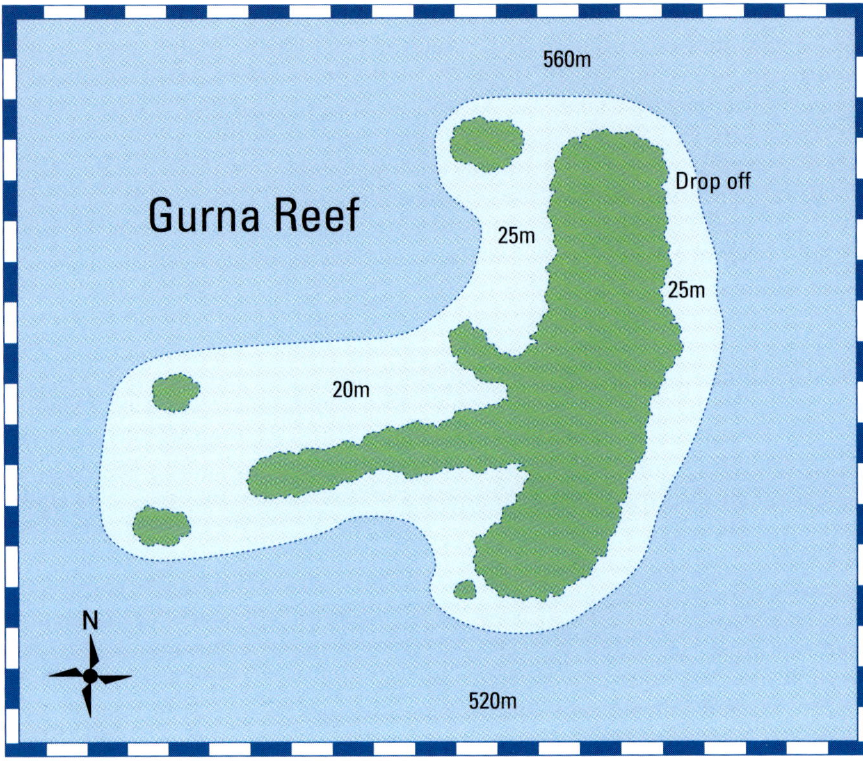

Strömung gerechnet werden. Mit ihr kommen verschiedene Haiarten an das Riff. Sie bildet aber auch die Nahrungsgrundlage für einen farbenprächtigen und artenreichen Korallenbewuchs. Sowohl interessierten Steilwandtauchern als auch Makrofotografen bietet das Gurna Reef viele Möglichkeiten, stimmungsvolle Tauchgänge zu erleben.

Nordplateau mit Ostseite

An der Nordspitze befindet sich ein kleines Plateau, das mit zahlreichen Korallenköpfen besetzt ist. Zwischen den unterschiedlichen Korallen finden die Riffbewohner Unterschlupf. Auf dem leicht abschüssigen Plateau, welches in 10 Metern beginnt, können umherschwimmende Weißspitzen-Riffhaie angetroffen werden. Die östliche Riffwand fällt steil, teilweise in kleinen Wellen, auf über 50 Meter ab. Große Gorgonien strecken ihre Fächer wie Segel in die Strömung, und Schwärme von Juwelen-Fahnenbarschen stehen dicht an der Riffwand. Entlang der Wand patrouillieren im tiefen Wasser verschiedene Riffhaie.

Westseite
Je nach Strömungsrichtung kann nördlich oder südlich der beiden Riffausleger ein ruhiger Tauchgang durchgeführt werden. Es besteht die Möglichkeit, in aller Ruhe die Unterwasserflora und -fauna zu betrachten und zu fotografieren. Das Bild wird von Steinkorallen dominiert. Segelflossen-Doktorfische und Masken-Kugelfische tummeln sich zwischen den Blöcken. Große Zackenbarsche stehen unauffällig unter kleinen Überhängen. Außerhalb des durch die vier Korallenblöcke eingegrenzten Bereiches fällt der Grund steil ab. An dieser Stelle muss mit Strömung gerechnet werden. Hier lassen sich in größeren Tiefen Weißspitzen- oder Graue Riffhaie antreffen.

15. Shab Suadi

Auf der Höhe der Bucht von Marsa Arakiyai liegt der 7 Seemeilen lange Riffkomplex von Shab Suadi. Neben einigen Hütten existiert auf dem Festland ein kleiner Militärposten zur Bekämpfung des Schmuggels. Der Hauptteil verläuft parallel zur Küste und wird durch einen Riffsattel in zwei Abschnitte aufgeteilt. Bekannt geworden ist Shab Suadi hauptsächlich durch die „Blue Belt“.
Direkt vor der Südspitze liegt ein kleiner Korallenabschnitt, auf dem sich ein Seezeichen befindet. Das Nordende knickt rechtwinklig nach Westen ab und bietet einen sicheren Platz zum Ankern. Von dort kann mit dem Beiboot auf die Ostseite zur „Blue Belt“ gefahren werden. Die Untergangsstelle wird durch ein LKW-Chassis markiert, das 100 m südlich des Wracks auf dem Riffdach steht. Er gehörte offensichtlich zur Ladung des Schiffes. An dieser Stelle fällt der Grund zunächst stufenartig bis auf große Tiefen ab. Auf der Westseite senkt sich der Grund nahe am Riff erst flacher auf 30 bis 40 Meter.

Nordostseite
Am nördlichen Drittel des mittleren Riffabschnitts bildet die Untergangsstelle der „Blue Belt“ die Hauptattraktion dieses Tauchplatzes. Das Riff zeichnet sich auf dieser Seite durch einen stufenartigen Aufbau aus. Große Korallenformationen fallen an der bis auf 18 Meter absinkenden Riffwand auf. Der Artenreichtum der Unterwasserflora und -fauna ist stellenweise nicht so groß. Da jedoch das Wrack das eigentliche Ziel an diesem Tauchplatz darstellt, fällt das Augenmerk hauptsächlich auf die „Blue Belt“ und ihre verstreute Ladung. Nur wenige Meter neben der Untergangsstelle ist das Riff sowohl mit Weich- als auch mit Steinkorallen besetzt. Vereinzelt stößt man auf dekorative Geweihkorallen. In deren Geäst suchen kleine Grüne-Schwalbenschwänzchen Deckung. Von kleinen Vorsprüngen hängen bunte Prachtkorallen herab. Am Fuße der Riffwand schließt sich eine breite, leicht abfallende Sandfläche an. Diese ist mit Gruppen von Korallenblöcken besetzt. Es können Napoleons und

13m
1m
13m
380m
13m
Lagune
Blue Belt
15m
LKW-Wrack
Shab Suadi
650m
Lagune
1m
15m
200m
Erg
N

Gruppen von Barakudas angetroffen werden. Ab einer Tiefe von 30 bis 35 Metern schließt sich ein Steilhang an, der in 50 Metern Tiefe in einen seichten Schräghang mündet. An dessen Ende können patrouillierende Weißspitzen-Riffhaie oder Graue-Riffhaie erspäht werden. Jenseits der maximalen Tiefe für Sporttaucher schließt sich ein Steilabfall an. Im Freiwasser sieht man mit etwas Glück Schwärme von Tunfischen. Von Dämmerungs- und Nachttauchgängen an der „Blue Belt" sollte abgesehen werden, weil hier auch große Hochsee-Haie angetroffen werden können.

Nördliche Korallenblöcke
Vor der Nordspitze, etwa 150 Meter in nördlicher Richtung, liegt der erste von zwei großen Korallenblöcken. Auch an diesem können sehr schöne Tauchgänge durchgeführt werden. Die Durchfahrt zwischen ihnen und dem Hauptriff ist maximal 13 Meter tief. Im Kanal fallen neben den kleinen Korallenköpfen zwei größere Korallenblöcke auf, die bis auf 5 Meter empor ragen. Sie sind vor allem mit verschiedenen Steinkorallen bewachsen. Riesen-Muränen haben an ihrem Sockel Unterschlupf gefunden. Der Taucher trifft auf große Geweihkorallen und zahlreiche Papageienfische. Dicht an der Riffkante schwimmen vereinzelt Igelfische, und mit etwas Abstand ziehen Napoleons am Riff vorbei.

Südspitze
Einen weiteren Tauchplatz, der von Safaribooten angesteuert wird, bildet die Südspitze. Begonnen wird der Tauchgang meist auf der Ostseite. Die von kleinen Canyons durchzogene Riffwand fällt bis auf 15 Meter ab. Unterhalb schließt sich ein sandiger Schräghang an, der mit zahlreichen Stein- und Hornkorallen besetzt ist. Verschiedene Schnapperarten und Buckelkopf-Papageienfische schwimmen zwischen diesen Blöcken umher. Ab 35 Meter schließt sich ein Steilhang an, der stellenweise durch turmartige Korallenformationen gebildet wird. Vereinzelte Weißspitzen- oder Graue Riffhaie sind hier anzutreffen. Am Fuß der Riffstufe beginnt ein, mit wenigen Korallenstöcken besetzter, seicht abfallender, sandiger Hang. Jenseits der Sporttauchgrenze fällt er steil ins tiefe Blau ab. Beim Umrunden der Südspitze können Schwärme von Großaugenmakrelen oder Barakudas und vereinzelt auch Paare von ausgewachsenen Riesen-Süßlippen angetroffen werden. Auf dem Meeresboden fallen die zahlreichen Blatt- und Röhrenschwämme auf. Beendet wird der Tauchgang meistens auf der Westseite, an einer kleinen, bis auf 3 Meter Tiefe empor ragenden Korallensäule. Sie ist auf der Nordseite wunderschön mit Prachtkorallen überwuchert. Schwärme von Juwelen-Fahnenbarschen schwimmen um die bunten Weichkorallen herum. Dieser Korallenturm bildet einen fotogenen Abschluss des Unterwasserspaziergangs.

16. „Blue Belt“

Maximale Tiefe:	90 Meter
Minimale Tiefe:	20 Meter
Strömungen:	gering bis mäßig
Sicht:	Zumeist gut, am Besten am Vormittag
Schwierigkeiten:	Große Tiefe des Wracks, zum Teil starke Strömungen, Keine Nachttauchgänge aufgrund der Haie. Nach Möglichkeit an der Oberfläche aus dem Lungenautomaten atmen da immer noch Treibstoff aus dem Wrack austritt

Stapellauf:	26.11.1950
Bauwerft:	Howaldtswerke AG
Bau-Nummer:	865
Flagge:	Saudi Arabien
Reederei:	A & M Baaboud & A & M Baghalf, Jeddah
Länge über alles:	103 Meter
Breite:	14,3 Meter
Seitenhöhe:	9 Meter
Tiefgang:	6,26 Meter
Tragfähigkeit:	4.459 Tonnen
Vermessung:	2.398 BRT
Antrieb:	2 x 5 Zylinder Sulzer Diesel (Winterthur, Schweiz)
Leistung:	2 x 1.600 PS
Geschwindigkeit:	12 Knoten
Kapitän:	unbekannt
Besatzung:	unbekannt
Passagiere:	unbekannt
Verluste:	keine
Ladung:	PKW und LKW der Marke Toyota
Letzte Fahrt:	Von Jeddah nach Port Sudan
Gesunken:	5.12.1977
Ursache:	Kollision mit dem Riff aufgrund eines falsch abgesetzten Kurses

Am 26. November 1950 läuft die „Hamburg“ bei den Howaldtswerken Deutsche Werft AG in Hamburg vom Stapel. Der Frachter mit einer Verdrängung von 2398 BRT verfügt über vier Laderäume und wird von zwei fünfzylindrigen, 1600 PS starken Dieselmaschinen angetrieben. Die kommenden 3 Jahre fährt er für die Hamburg-Amerika Linie. Im Oktober 1953 wechselt er die Flagge und fährt bis 1971 für die Hapag Lloyd AG. Anschließend wird er von

„Nichts ist unmöglich“ – ein Autowrack der Marke Toyota neben der Blue Belt.

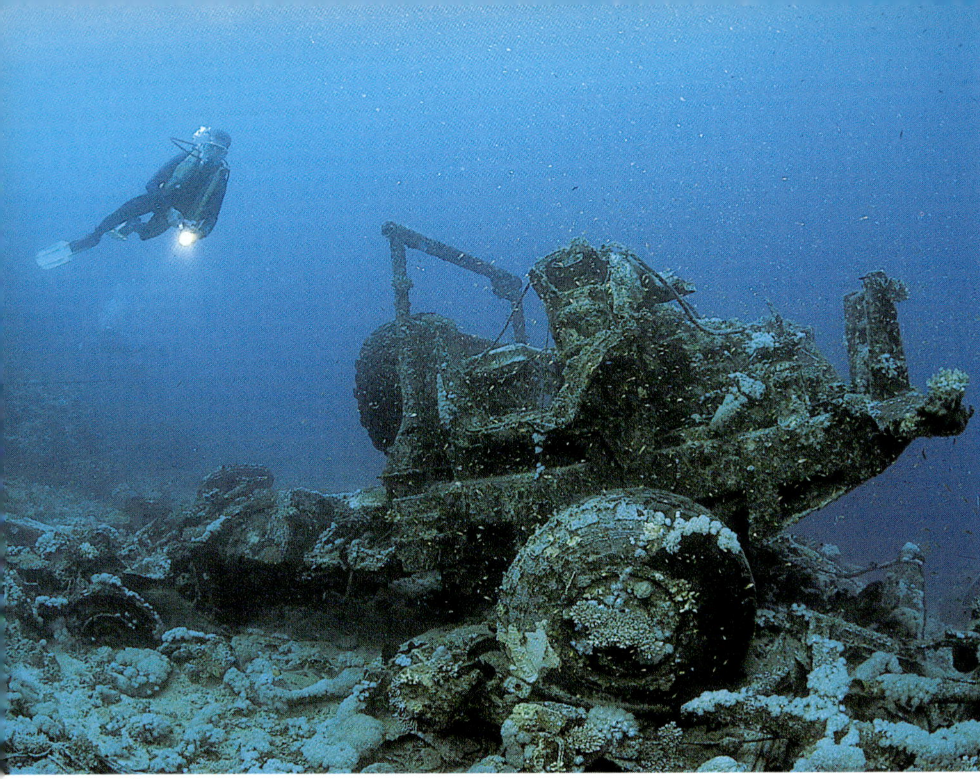

Überreste eines Toyotatrucks.

der Nav. Panoceanica SA gekauft und läuft ab dem 7. Juli 1971 mit dem Namen „Greenbelt“ unter Panamesischer Flagge. Bereits ein Jahr später wird das Schiff erneut verkauft. Die Reederei Ahmed Mohamed Baaboud & Ahmed Mohamed Baghlaf in Jeddah erwirbt den Frachter und benennt ihn in „Blue Belt“ um. Seine letzte Fahrt soll ihn von Jeddah nach Port Sudan führen. Abseits der üblichen Route läuft der mit LKWs, PKWs und Ersatzteilen beladene Frachter am 2. Dezember 1977 auf das Shab Suadi auf. Bis heute bleibt ungeklärt, was das Schiff in diese Region verschlug. Denkbar wäre, dass es hier entweder absichtlich versenkt werden sollte, oder dass die Besatzung undeklarierte Ladung in der nahen Bucht von Marsa Arakiyi vor dem Einlaufen in Port Sudan löschen wollte. Hierfür hätte sie die Passage unweit der Kollisionsstelle zwischen dem südlichen und mittleren Riff passieren müssen. Spuren am Riff sowie Überreste eines LKW-Chassis weisen darauf hin, dass die Kollision der „Blue Belt“ weiter südlich erfolgte, ein Indiz dafür, das für die zweite Version spricht. Der Havarist driftete nach dem Aufprall zunächst weiter nach Norden. Offensichtlich warf die Besatzung den Steuerbordanker, um ein Abrutschen zu verhindern. Er liegt heute abgerissen in 10 Meter Tiefe am Riff, oberhalb des Wracks. Diese Maßnahme hatte allerdings nur kurzfristig Erfolg. Wie aus Unterlagen des Britisch Hydrographischen Instituts

Kieloben liegend ruht das Wrack mit dem Bug unweit der Riffwand.

hervorgeht, ging die Besatzung erst nach einigen Tagen bei zunehmender Schlagseite von Bord. Wie lange sich die „Blue Belt“ am Riff hielt, ist nicht genau geklärt. Während einige Quellen davon ausgehen, dass sie bereits drei Tage später sank, sprechen andere davon, dass noch ein paar Wochen vergingen bevor sie sank.
Kieloben liegend wirkt das Wrack auf den ersten Blick wenig einladend. Im Bereich des Bugs liegen unterhalb der Riffwand auf dem sich anschließenden Plateau zahlreiche LKW und PKW herum. Zum Teil sind sie über und über mit Weickorallen besiedelt. Schwärme von Glasfischen haben die Autowracks zu ihrer neuen Heimat erkoren. Erst auf den zweiten Blick lassen sich in dieser Lebensfülle technische Details der Fahrzeuge erkennen. Armaturen, Fahrzeugembleme und andere Details sind schon längst von sammelwütigen Tauchern demontiert worden. Die Mehrzahl der Fahrzeuge liegt zwischen 20 und 30 Meter. Hier schließt sich ein steiler Abhang an, der erst in 50 bis 60 Meter Tiefe sanft ausläuft. Die „Blue Belt“ ragt an dieser Stelle wie eine Brücke über den Hang und es ist bequem möglich, unter dem Wrack hindurch zu tauchen. Von diesem Tunnel aus kann man zwar in das Innere des Wracks vordringen, die Tiefe sowie die durch die verrutschte Ladung eingeengten Verhältnisse erschweren diese Erkundungstour allerdings erheblich. Hinzu kommt die zum Teil starke Strömung, die durch den Tunnel hindurchgepresst wird. Sie bildet zugleich die Nahrungsgrundlage für den besonders üppigen Korallenbewuchs. Auf dem sandigen Grund liegen auch hier weitere Fahrzeuge. Der Blick in die Tiefe lässt die Größe des Schiffes erahnen. Obwohl die gewaltige Schraube und die Ruderanlage zum greifen nah erscheinen, liegen sie über 70 Meter tief. Die Überreste der Heckreling befinden sich sogar in über 90 Metern!

17. Shab Rumi

Der Name dieses Saumriffs bedeutet übersetzt „Riff der Römer“. Es liegt auf der Höhe von Marsa Daror, 9 Seemeilen vor der Festlandsküste. 1,2 Seemeilen lang und 0,5 Seemeilen breit bildet es an seinem Südende eine lang gezogene Riffzunge aus. Bekannt wurde Shab Rumi durch Jacques-Yves Cousteau und seine legendäre Precontinent II. Mit der Unterwasserstation erforschten er und sein Team 1963 das Leben im Meer. Der Film, den er dabei drehte, faszinierte Millionen von Menschen auf der ganzen Welt. Die Überreste der Station liegen auf der Westseite des Riffs. Um an diesem Platz zu tauchen, wird entweder direkt bei der Forschungsstation geankert, oder man wählt den geschützten Ankerplatz in der Lagune. Er dient auch als nächtlicher Liegeplatz. Die große Lagune hat auf der Westseite zwei sehr schmale Zufahrten und gibt dem Riff eine für das Rote Meer untypische Gestalt. In der Mitte erreicht sie eine Tiefe von über 40 Metern. An ihren Zufahrten können erleb-

600m
60m
45m
30m
Drop off
Lagune
bis 40m
20m
Precontinent II
Shab Rumi
Drop off
650m
60m
10m
400m
Haikäfig
und Gedenktafel
20m
Erg
30m
N

nisreiche Nachttauchgänge durchgeführt werden. Cousteau hatte dieses Riff für seine Forschung ausgesucht, da es einen Artenreichtum an Unterwasserfauna und -flora zu finden gibt, wie kaum an einem anderen Platz im Roten Meer. Vor allem das Südplateau zählt zu den Tauchplätzen, die ein „Muss“ für alle Sudanbesucher darstellen. Die senkrechten Außenwände verlieren sich im tiefen Blau und bilden den Übergang zum Reich der Großfische. Da Shab Rumi wie eine Nadel aus der Tiefe des Roten Meeres hervorstößt, ist häufig mit Strömung zu rechnen. Sie sorgt aber für die Begegnungen mit verschiedenen Haienarten.

Das Südplateau
Einen der schönsten Tauchplätze des Sudan, manche sagen des gesamten Roten Meeres, stellt dieses Plateau dar. Es herrscht eine Farb- und Artenvielfalt, die einen Tauchgang zu einem unvergesslichen Erlebnis werden lassen. Die Riffwand ist auf den oberen 15 bis 20 Metern stark zerklüftet und bildet zahlreiche Höhlen und Spalten aus. Darunter schließt sich das zungenförmige Plateau an, das bis auf 30 Meter absinkt. Parallel zu seinem Ansatz befindet sich ein kleiner Kanal. Die mit zahlreichen Hartkorallen bewachsene Außenseite fällt steil in die Tiefe ab. In 55 Metern Tiefe schmiegt sich ein schmaler Schräghang an das Südende. An diesem langen Ausläufer in das Freiwasser ziehen die Big Boys vorbei. Die Südwestspitze bildet eine Attraktion dieses Platzes: Im Freiwasser patrouilliert häufig eine Schule von Bogenstirn-Hammerhaien. Taucht man ein wenig ins Blaue hinaus, können mit etwas Glück diese zurückhaltenden Meeresbewohner beobachtet werden. Es sollte jedoch darauf geachtet werden, dass nicht hektisch auf sie zugeschwommen wird, weil die scheuen Jäger sonst schnell wieder in den Tiefen des offenen Meeres verschwinden. Doch Vorsicht: Die Strömung kann den Taucher sehr schnell ins Freiwasser ziehen, ohne dass er die Chance hat, das Riff wieder aus eigener Kraft zu erreichen. Nach einem Ausflug zur Südspitze kann anschließend das Plateau in seiner gesamten Pracht erkundet werden. In der Mitte steht ein pilzartiger, wunderschön bewachsener Korallenblock. Der Grund ist mit Gorgonien, Leder- und Steinkorallen bedeckt, auf denen Drachenköpfe auf vorbeischwimmende Beute lauern. Am Südostende sind zahlreiche Peitschenkorallen zu bewundern, zwischen denen Juwelen-Fahnenbarsche umher huschen. Über diesen zieht ein großer Schwarm Barakudas seine Kreise. Am östlichen Plateauansatz liegt ein alter Haikäfig, der zum Projekt Precontinent II gehört. Daneben steht eine Gedenktafel, die an einen 1993 tödlich verunglückten österreichischen Taucher erinnert. Einen sehr zutraulichen Schwarm von Süßlippen lässt diesen Shot zu einem Traum für jeden Unterwasserfotografen werden. Mit geübtem Blick und etwas Glück entdeckt man auch einen Steinfisch, der gut getarnt auf Beute lauert. Im Flachbereich kann es zu Begegnungen mit Grauen-Riffhaien kommen, die zusammen mit Weiß-

spitzenriffhaien über das Plateau ziehen. Manchmal statten auch Delphine dem Riff einen Besuch ab. Leider begrenzt der viel zu schnell verbrauchte Luftvorrat jeden Tauchgang.

Ostseite
Bei der zeitweise auftretenden Strömung können an dieser Seite schöne Drifttauchgänge durchgeführt werden. Die Riffwand fällt steil in das tiefe Blau ab. Am südlichen Ende der Ostseite findet der Taucher ab 20 Meter einen schmalen Schräghang. In 30 beziehungsweise 60 Meter Tiefe schmiegen sich kleine stufenartige Vorsprünge in den Abhang. Die gesamte Wand ist wunderschön bewachsen und riesige Gorgonien strecken ihre Fächer in die Strömung. Juwelen-Fahnenbarsche und Falterfische stehen dicht am Riff. Schwärme von Kupfer-Schnappern und Stachelmakrelen ziehen an der Wand entlang. Vor allem in den Morgenstunden steigen pelagische Großfische aus der Tiefe empor. Bei einem Tauchgang können, neben verschiedenen Haiarten, gelegentlich auch Mantas angetroffen werden. Am Südende, im Bereich des Plateauansatzes, kann im Flachbereich eine kleine Ansammlungen von Anemonen bewundert werden. Aufgrund des attraktiven Südplateaus werden Tauchgänge an der Ostseite selten unternommen.

Nordplateau
Die häufig auftretende Nordströmung sorgt auf dem dreistufigen Plateau für einen schönen Stein- und Weichkorallen Bewuchs. Der erste Absatz befindet sich im Flachwasser bei 3 bis 4 Metern Wassertiefe. Zahlreiche Doktor- und verschiedene Falterfische bevölkern das spärlich bewachsene Riffdach. Bis in eine Tiefe von 12 Metern schließt sich ein Schräghang an, der stellenweise mit Kolonien weißer und blauer Geweihkorallen besiedelt ist. Am Fuße dieses Hanges schließt sich die zweite Plateaustufe an. Sie senkt sich stetig bis 30 Meter und ist mit zahlreichen Weichkorallen bewachsen. Der Fischreichtum ist auf dem Plateau nicht so groß wie an der Steilwand, an der zahlreiche Fische und andere Riffbewohner die Korallen mit quirligem Leben erfüllen. Unterhalb eines Abhanges beginnt in ungefähr 60 Metern Tiefe die dritte Stufe, auf deren Nordende ein größerer Korallenhügel steht. Im Kanal zwischen Hügel und Abhang zeichnen sich manchmal Silhouetten von Hammerhaien ab. Vor allem in der Zeit vom Spätsommer bis zum Herbst ziehen sie häufig jenseits der für den Sporttaucher erreichbaren Grenzen ihre Bahnen. Auf der Ostseite schwimmen im flacheren Bereich Schwarmfische, wie zum Beispiel Stachelmakrelen, Kupfer-Schnapper und Rotmeer-Füsiliere am Riff entlang.

18. Precontinent II

Zu Beginn der sechziger Jahre wurde nach neuen Wegen gesucht, die Unterwasserwelt nutzbar zu machen. Angeregt von Jules Vernes „20.000 Meilen unter dem Meer" träumte man bereits seit Jahren von einer kommerziellen Nutzung der Weltmeere. Im Jahr 1962 errichtete das Forschungsteam von Jacques Cousteau vor Marseille in 12 Meter Tiefe ein Unterwasserhaus. Im Precontinet I lebten und arbeiteten erstmalig Menschen für 2 Wochen unter Wasser.
Ein Jahr später Schloss sich ein weiteres Experiment über einen Zeitraum von 4 Wochen an. Precontinent II wurde auf einer sandigen Ebene an der westlichen Seite bei Shab Rumi errichtet. Das Zentrum bildete der „Seestern" in 12 Meter Tiefe mit einer Kapsel in der Mitte, von der aus mehrere Räume abgingen. In ihm wohnten bis zu acht Taucher. Der daneben gelegene „Seeigel" wurde als Garage für ein U-Boot genutzt, das bis zu einer Tauchtiefe von 300 Meter eingesetzt werden konnte. Nördlich davon lag ein Geräteschuppen, in dem Scooter und Flaschen aufbewahrt waren. Über das gesamte Gelände verteilt wurden in den unterschiedlichsten Tiefen Haikäfige aufgestellt. An der Außenkante befand sich eine weitere Kammer, in der zwei Taucher arbeiteten. Die mit Mischgas versorgte Kapsel konnte kurzzeitig bis auf 110 Meter abtauchen. Sie wurde am Ende zusammen mit dem Seestern demontiert. Die Ergebnisse des Experiments bilden die Grundlagen für das gegenwärtige Off-Shore-Tauchen.
Der Seeigel ist heute eine der Hauptattraktionen der ehemaligen Forschungsstation. Er steht auf eisernen Stelzen und lässt sich bequem von unten betauchen. Gut ist der Flanschring, an dem das Mini-U-Boot angedockt wurde, zu erkennen. Die Bullaugen sind längst sammelwütigen Tauchern zum Opfer gefallen. Der Tisch im Inneren wurde vermutlich deshalb noch nicht demontiert, weil er angeschweißt ist. Seitlich findet sich ein weiterer Ausstieg mit einer Schleuse. Die über und über mit Hart- und Weichkorallen bewachsene Kugel weist eine Vielzahl von Korrosionlöchern auf. Durch sie entweicht gluckernd die Ausatemluft der Besucher. Auf der kleinen Sandfläche zwischen dem Seestern und dem Abfall des Plateaus erinnert eine Gedenktafel an einen 1973 tödlich verunglückten Mitarbeiter Cousteaus. Unmittelbar hinter der Station fällt das Riff nahezu senkrecht auf 40 Meter ab. Auf dem sich anschließenden Sandplateau sind an einigen Stellen die Überreste der Haikäfige zu erkennen. In den frühen Morgenstunden ruhen auf der Sandfläche zumeist einige Weißspitzenriffhaie.
Nördlich vom Seestern liegt in 6 Meter Tiefe der Geräteschuppen. Das Dach ist über die gesamte Länge offen. Das Innere der leicht zu betauchenden Garage ist leer und bietet wenig Aufregendes. Folgt man dem Plateau von hier aus weiter nach Norden, so finden sich auf Höhe der südlichen Einfahrt in das Shab Rumi weitere Überreste von Haikäfigen. Wunderschön bewachsen bieten sie eine wundervolle Kulisse für Fotografen.

Auch wenn der Zahn der Zeit bereits deutliche Spuren an der Precontinent II hinterlassen hat, zählt sie sicherlich zu einem Muss für jeden Taucher. Empfehlenswert ist es, sich vor der Reise den Cousteau-Film „Le Monde sans Soleil" (Welt ohne Sonne) anzusehen. Er zeigt anschaulich das Leben und einen Teil der Experimente aus dem Unterwasserdorf.

Unmittelbar an der Riffkante ragt das »Seeigel« genannte UW-Haus der Cousteau Expedition ins offene Wasser.

Eine Taucherin erkundet die Garage, in der einst die Unterwasserscooter „geparkt" wurden.
Die Überreste der Haikäfige am Precontinent sind inzwischen üppig bewachsen und bilden eine Traumkulisse für Fotografen.

Tauchplätze um Port Sudan

Die meisten Tauch-Touristen unternehmen im Sudan ein- bis zweiwöchige Bootssafaris. Für die Urlauber, die eine Woche in diesen Gewässern bleiben, werden meist die im näheren Umkreis von Port Sudan gelegenen Riffe angesteuert. Dazu zählen das weltberühmte Wrack der „Umbria“ und das Sanganeb Reef mit dem Aquarium-Tauchplatz am Südwestplateau. Das sich in südlicher Richtung anschließende Towartit Reef hat zwar eine solche Ausdehnung, dass seine Erkundung einen ganzen Tauch-Urlaub ausfüllen könnte, es wird jedoch selten angefahren. Statt dessen wird das bekanntere Shab Rumi mit der Precontinent II und seinem legendären Südplateau besucht.

19. Sanganeb Reef

Dieses Riff gehört zu den herausragenden Tauchplätzen im Sudan. Es weist einen atemberaubenden Artenreichtum an Unterwasserfauna und -flora auf. Das Sanganeb Reef erhebt sich aus einer Tiefe von über 800 Metern steil vom Meeresgrund. Seit 1990 bildet es ein 12 Quadratkilometer großes Naturschutzgebiet. Schon von weitem ist der auf dem Südrand stehende, 50 Meter hohe Leuchtturm zu sehen. Er wurde zwischen 1956 und 1964 als Ersatz für den alten errichtet. Der Besucher sollte sich nicht scheuen, die 268 Stufen emporzusteigen. Von der Spitze hat man einen fantastischen Überblick über das gesamte Riff. Das im Dezember 1998 erneuerte Leuchtfeuer wird mit Strom aus Solarzellen betrieben. Die vier Wärter des Leuchtturms freuen sich über jeden Gast. Denn außer dem Schiff, das die Versorgungsgüter und die Ablösung bringt, gibt es während ihrer vierzehntägigen Schicht nur wenig Abwechslung.

Am Südende ist das Riffdach sehr flach und mit vielen kleinen Korallenblöcken überzogen. Zwischen diesen halten sich Doktorfische und vereinzelt auch Blaupunktrochen auf. Die Zufahrt zur Südlagune erfolgt über die große Nordlagune und ist so eng, dass große Safarischiffe sie nicht passieren können. Die am Rand sehr flache Südlagune wird zur Mitte hin 12 Meter tief. In ihr kann zwar getaucht werden, zu sehen gibt es jedoch nur wenig. Die Nordlagune, mit ihrem 48 Metern, ist von einem schmalen Riffband umsäumt. Die Hauptattraktionen liegen allerdings eindeutig an der Außenseite des Sanganeb Reef. Vor allem das Südwestplateau lässt kaum Wünsche offen. Es bietet eine üppig bewachsene, mit zahllosen Rifftieren belebte Unterwasserlandschaft. Auf Grund der exponierten Lage herrscht zeitweise stärkere Strömung.

Marsa Daror
Marsa Halut
19 Sanganeb Reef
Rotes Meer
Marsa Gwiyai
20 Wingate Reef
Port Sudan
21 Umbria
Towartit Elbow
Marsa ain Harees
22 Towartit Reef
Sudan
N
Marsa Kuwai

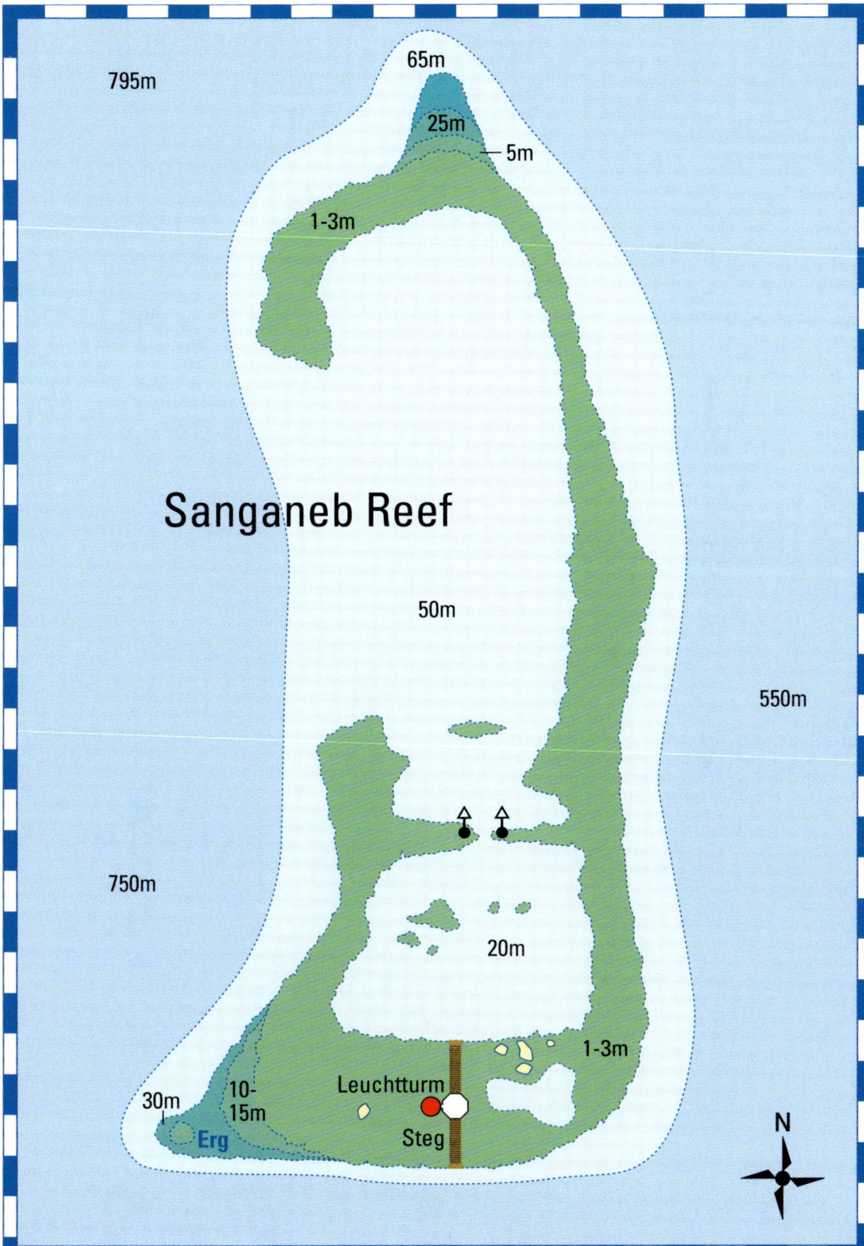
795m
65m
25m
5m
1-3m
Sanganeb Reef
50m
550m
750m
20m
1-3m
Leuchtturm
30m
10-
15m
Erg
Steg
N

Die Südseite mit dem Südwestplateau

Die mit Abstand meisten Tauchgänge werden auf dem Südwestplateau durchgeführt. Das Unterwasserleben entfaltet hier eine atemberaubende Pracht. Die Südseite bildet bis in 10 Meter Tiefe eine senkrechte Riffwand und geht darunter in einen Schräghang über. Im Bereich von 35 Metern knickt der Hang lotrecht ab. Der obere Bereich ist zerklüftet und bildet zahlreiche kleine Höhlen und Spalten. Über Wäldern von Lederkorallen begegnet man Kurzstachel-Igelfischen. Die Korallen treten in einer solchen Dichte und Farbenvielfalt auf, dass jeder Fotograf aufpassen muss, nicht schon hier seinen gesamten Film zu verschießen. In ungefähr 50 Metern Tiefe schmiegt sich eine kleine sandige Stufe an das Riff, bevor die Wand darunter wieder senkrecht im tiefen Blau entschwindet. Das Südwestplateau schließt sich in Richtung Westen an. Auf seinem Ansatz, in einer Tiefe von 10 bis 15 Metern, stehen große Tischkorallen. Vom Grund erheben sich zahlreiche Peitschenkorallen, die zum Teil ganze Wälder bilden. Bei einer solchen Artenfülle fällt die Entscheidung schwer, in welche Richtung der Tauchgang fortgesetzt werden soll. Zum einen lockt das pulsierende Leben auf dem Plateau, andererseits können im Bereich der Kante, wie auch schon an der gesamten Außenwand des Riffes, Graue Riffhaie, Schwarzspitzen- und Hammerhaie angetroffen werden. Mit etwas Glück können Meeresschildkröten oder vorbeiziehende Mantas erblickt werden. Die Außenkante des Plateaus beginnt an ihrem Ansatz bei 10 Metern und sinkt bis auf etwa 33 Meter am äußersten Südwestzipfel ab. An ihr verläuft die stark zerklüftete Außenwand fast senkrecht und bildet Überhänge aus. Auf dem Plateau entfaltet sich die gesamte Pracht des Roten Meeres. Eine Anzahl von kleinen Korallensäulen, die zum Teil wunderschön mit lilafarbenen Weichkorallen besetzt sind, lädt zum Betrachten und Fotografieren ein. Ein großer standorttreuer Schwarm von Barakudas zieht seine Kreise. Er ist so zutraulich, dass ein vorsichtiger Taucher bis auf Armlänge an einzelne Tiere heranschwimmen kann. Auch ein riesiger Schwarm von Stachelmakrelen ist häufig anzutreffen. Juwelen-Fahnenbarsche kommen in diesem Korallengarten in einer grenzenlos erscheinenden Anzahl vor. Auf dem Grund siedeln eine Vielzahl von Schwämmen, Lederkorallen, Gorgonien und Feuerkorallen. Am Fuß der oberen Riffwand zieht sich über das Plateau ein Sandstreifen entlang, auf dem große grüne Riesendrückerfische ihre Gelege in den Sand gegraben haben. Dort ist Vorsicht geboten, da sie ihre Nester aggressiv verteidigen. Die Riffwand über dem Plateauansatz ist bis 10 Meter so stark zerklüftet, dass sich Canyons gebildet haben. Sie sind bequem zu betauchen.

Nordplateau

Direkt an die Nordspitze schließt sich ein lang gestrecktes Plateau an. Es wird kaum betaucht, weil der Höhepunkt am Sanganeb Reef das Südwestplateau ist. Es können jedoch auch am Nordende erlebnisreiche Tauchgänge durchgeführt werden. Der Ansatz des Plateaus beginnt in einer Tiefe von 4 Metern. Auf Grund des Wellenganges und der häufig auftretenden stärkeren Strömung ist es nur selten zum Tauchen geeignet. Von seiner Außenkante kann man jedoch wunderschön die vielen kleinen Rifffische beobachten, die im Spiel der Wellen umherschwimmen. Unterhalb der ersten Stufe schließt sich ein sehr schön mit Weich- und Steinkorallen bewachsener Schräghang an. Er mündet in 25 Metern Tiefe in einen Kanal. Die häufig starke Strömung macht ein Gegenanschwimmen unmöglich. In nördlicher Richtung steigt das Plateau zunächst wieder bis auf 20 Meter an, um anschließend in einen Steilabfall überzugehen. Entlang der Außenseite ziehen Schwärme von Stachelmakrelen, Füsilieren und Kupfer-Schnappern. Unter ihnen wiegen sich Weichkorallen in der Strömung. Ab 40 Meter Tiefe beginnt eine weitere Plateaustufe, die sich kontinuierlich bis auf eine Tiefe jenseits von 60 Metern absenkt, um darunter steil abzufallen. Im Bereich dieser Stufe bestehen gute Chancen, Graue Riffhaie und Hammerhaie zu erblicken. Der Schräghang bietet einen prachtvollen Anblick. Er ist mit zahlreichen Weichkorallen bewachsen, und Fächerkorallen strecken ihre Körper in das freie Wasser. Im flacheren Bereich kann man einem Barakudaschwarm oder großen Gruppen von Doppelflecken-Schnappern begegnen.

Die kleineren Felsblöcke auf dem Südplateau sind üppig bewachsen.

20. Wingate Reef

In der Hafeneinfahrt von Port Sudan liegt das Wingate Reef. Bekannt geworden ist es durch Hans Hass, der 1948 an der dort auf Grund liegenden „Umbria“ tauchte. Auf Grund des nahen Hafens sind die Sichtverhältnisse an diesem Riff häufig schlecht. Weil auch der Artenreichtum an Unterwasserfauna- und -flora nicht überragend ist, wird außer an der „Umbria“ am Wingate Reef nur selten getaucht. Von Nachttauchgängen ist auf Grund der akuten Haigefahr abzuraten. Die Jäger werden durch die Kadaver verendeter Tiere angezogen, die von den Viehtransportern im Hafen von Port Sudan ins Wasser geworfen werden.

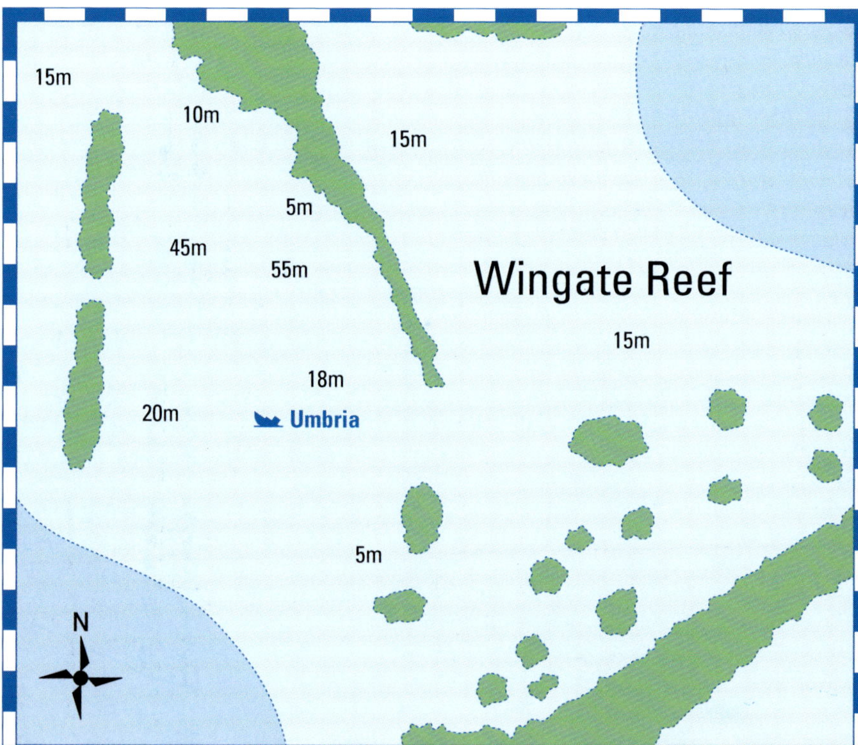

21. „Umbria“

Ort:	Wingate Reef
Maximale Tiefe:	5 Meter
Minimale Tiefe:	38 Meter
Strömungen:	mäßig
Sicht:	Aufgrund der sedimentreichen Umgebung zumeist nur mäßig
Schwierigkeiten:	Keine

Stapellauf:	30.12.1911
Bauwerft:	Reiherstiegswerft, Hamburg
Bau-Nummer:	444
Flagge:	italienisch
Reederei:	Lloyd Tristino, Italien
Länge über alles:	155 Meter
Breite:	18 Meter
Seitenhöhe:	unbekannt
Tiefgang:	5,83 Meter
Tragfähigkeit:	6.219 Tonnen
Vermessung:	10.076 BRT
Antrieb:	2 x 6 Zylinder Dampfmaschine (Reiherstieg-Maschinenbau)
Leistung:	4.300 PS
Geschwindigkeit:	12,5 Knoten
Kapitän:	Lorenzo Muiesan
Besatzung:	81
Passagiere:	77
Verluste:	keine
Ladung:	Kriegsmaterial, Bomben, Autos, Flugzeugteile, Zementsäcke
Letzte Fahrt:	Von Neapel über Messina nach Aden und Kalkutta
Gesunken:	9.6.1940
Ursache:	Selbstversenkung

Im Mai 1940 wütet der 2. Weltkrieg in Europa. Trotz des Balkankonfliktes ist es bis zu diesem Zeitpunkt noch zu keiner offenen Auseinandersetzung zwischen dem faschistischen Italien und der britischen Krone gekommen. Zur Versorgung italienischer Truppen in Aden wird die „Umbria“ Ende Mai 1940 in Genua, Livorno und Neapel mit diversem Kriegsmaterial beladen. Das 1935 vom Passagierdampfer zum Material- und Truppentransporter umgebaute Schiff wurde bereits zuvor für solche Fahrten verwendet. In den 5 Laderäu-

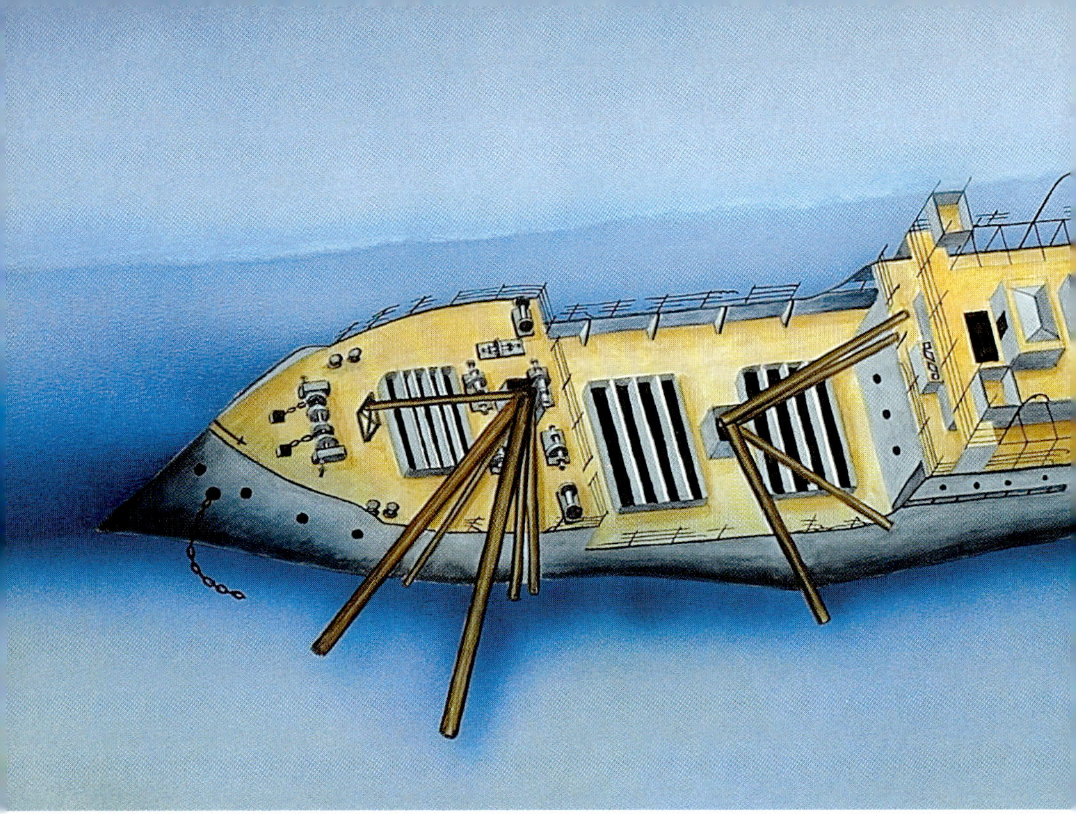

men werden über 360.000 Bomben sowie 60 Kisten mit Brandbomben und anderen Sprengmitteln verstaut. Weiterhin Autos, Flugzeugteile sowie Zementsäcke und andere Baumaterialien. Ihre Route führt die „Umbria" über Messina in Sizilien nach Port Said, von wo aus sie durch den Suezkanal und das Rote Meer nach Ostafrika fahren soll. Nach dem Einlaufen in Port Said am 3. Juni bunkert sie noch einmal 1000 Tonnen Kohle und 130 Tonnen Wasser. Hier gehen 23 britische Navy-Soldaten sowie 2 Lotsen an Bord. In Anbetracht des bevorstehenden Kriegseintritts zwischen Italien und England wird die Kanalpassage bewusst verzögert. So verlässt die „Umbria" mit ihrer brisanten Fracht erst 3 Tage später Suez. Von nun an verfolgt sie das Kanonenboot „Grimsby" Es stoppt den Frachter in Höhe von Port Sudan mit der Begründung, sie befinde sich in britischen Hoheitsgewässeren. Daraufhin geht die „Umbria" am 9. Juni am Wingate Riff vor Anker. Unter dem Vorwand, das Schiff nach Schmuggelware durchsuchen zu wollen, werden unter der Führung von Leutnant Stevens 22 Soldaten vom neuseeländischen Kreuzer „Leander" an Bord gebracht. Sie besetzen sofort die strategisch wichtigen Punkte und beginnen eine zeitraubende Durchsuchung. Am Nachmittag erfährt Kapitän Muiesan in seiner Kajüte über Funk, dass Italien um 19.00 Uhr den Kriegszustand ausrufen wird und mit den ersten Kriegshandlungen ab 0.00 Uhr des kommenden Tages zu rechnen ist. Muiesan ist klar, dass er

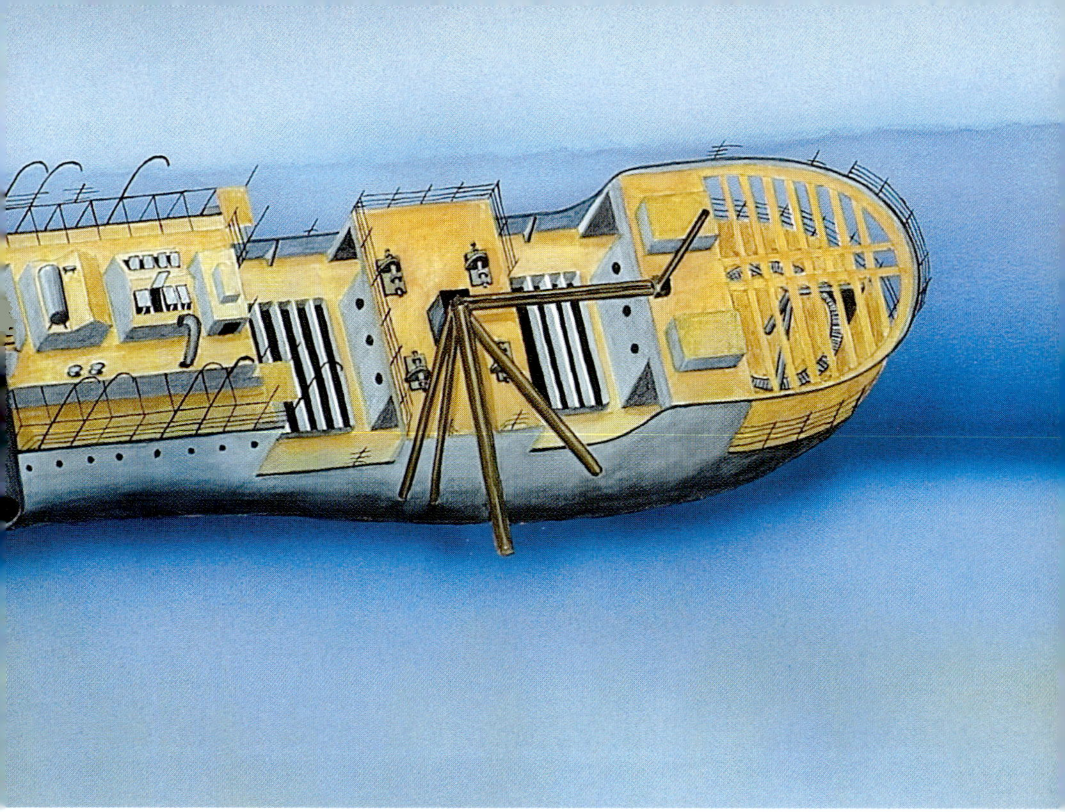

keine Zeit mehr verlieren darf, damit die strategisch bedeutsame Ladung nicht in feindliche Hände fällt. Zusammen mit dem ersten Offizier Radolfo Zarli und dem Bordingenieur Carlo Costa plant er die Versenkung. Schwierigkeiten bereitet ihnen hierbei die unauffällige Evakuierung der Besatzung. Schließlich schlägt Muiesan Leutnant Stevens vor, eine Rettungsübung durchführen, die dieser in der Hoffnung, die „Umbria“ noch weiter festhalten zu können, genehmigt. Während die Italiener mit der Übung beginnen, erreicht Stevens auf der Brücke die Nachricht von schweren Wassereinbrüchen im ganzen Schiff. Nach einigen Minuten und mit zunehmender Schlagseite des Schiffes wird ihm klar, dass er den Untergang nicht mehr verhindern kann. Wutschnaubend nimmt er mit seinen Soldaten an der „Rettungsübung“ teil. An Bord der „Gimsby“ teilt ihm Muiesan den Kriegseintritt Italiens mit und dass er den Befehl zur Selbstversenkung gegeben hätte. Er geht daraufhin mit seiner Besatzung noch vor dem Kriegsausbruch in Kriegsgefangenschaft nach Indien.
Trotz der gefährlichen Lage in der Hafeneinfahrt von Port Sudan wird die „Umbria“ nicht geborgen. Um das Wrack mit seinen zum Teil noch aus dem Wasser ragenden Davits wird eine Verbotszone ausgesprochen und anschließend sich selbst überlassen. Neun Jahre nach ihrem Untergang erweckt die „Umbria“ das Interesse des damals 30 Jahre alten Hans Hass. Seine Kontakte

Nur bei guter Sicht lässt sich das Heck der Umbria überblicken.

Die 360.000 Bomben in den Laderäumen der Umbria stellen noch heute eine erhebliche Gefahr dar.

Die Aufbauten liegen unmittelbar unter der Wasseroberfläche.

zum Gouverneur von Port Sudan ermöglichen es ihm schließlich, an der „Umbria“ zu tauchen. Sein Foto- und Filmmaterial trug erheblich zum Mythos des Wracks bei.
Inzwischen zählt die „Umbria“ zu den bekanntesten Wracks im Roten Meer. In Sichtweite vor Port Sudan gelegen bildet sie zumeist den Auftakt oder das Ende einer Tauchsafari. Auch wenn die Sammelwut so mancher Taucher hier ihre Spuren hinterlassen hat, hat die alte Dame mit der explosiven Fracht nichts von ihrem Scharm verloren. Die Untergangsstelle lässt sich problemlos an den vier Davits, die auf der Steuerbordseite aus dem Wasser ragen, erkennen. Der sedimentreiche Untergrund, die unmittelbare Lage zur Hafeneinfahrt sowie die geringen Strömungen tragen häufig zu einer verminderten Sicht bei. Das Wrack liegt 75° zur Backbordseite geneigt. An den intakten Bug schließen sich die drei vorderen Laderäume an. Mittschiffs finden sich die Mannschaftsquartiere sowie die Brücke. Zum Heck folgen zwei weitere Laderäume sowie das Achterdeck. Sowohl die Laderäume als auch die Mittschiffsaufbauten lassen sich bequem erkunden. Aufgrund der extremen Schräglage sowie der gefährlichen Ladung ist jedoch äußerste Vorsicht beim Anfassen von Gegenständen geboten.
Nähert man sich dem Bug der „Umbria“ aus dem freien Wasser, so zeichnet sich der steil aufrangende Bugsteven mit dem Flagstock mystisch im grünlichen Wasser ab. Die beiden Ankerketten verlaufen zum Grund, die „Umbria“ lag ja vor Anker als sie versank. Die Ankerwinsch und die Reling sind mit Korallen überzogen. Die Decksbeplankung ist zum Teil noch in einem erstaunlich guten Zustand. Die kleinen Ladeluken sind ein Hinweis auf das Alter des Schiffs. Im ersten Laderaum, dessen Zugang sich auf dem Vordeck befindet, lagern neben der allgegenwärtigen Munition Holzkisten, elektrisches Material sowie Flugzeugreifen. Im zweiten, etwas größeren Laderaum finden sich Bomben, Granaten sowie Stielhandgranaten. Die von den Sprengkörpern getrennt aufbewahrten Zünder liegen nahezu in jedem Laderaum verteilt herum. Der dritte Laderaum zählt zu den am meisten besuchten. Neben Zementsäcken und anderem Baumaterial finden sich hier Weinflaschen und Marmeladengläser. Durch einen schmalen Durchlass back- bzw. steuerbords gelangt man in der ersten Ladeebene in den Mittschiffsbereich, wo drei Fahrzeuge stehen. Die Fiat 1100 Lunga wurden speziell für den Geländeeinsatz in den italienischen Kolonien konzipiert. Leider hinterließen bereits etliche Taucher an den Fahrzeugen ihre Spuren. Das feine Sediment lässt bereits nach kurzer Zeit die Sicht auf Null sinken, so dass nach Möglickeit dieser Schiffsteil mit kleinen Gruppen in größeren Abständen besucht werden sollte.
Der Mittschiffabschnitt mit der Brücke und seinen Aufbauten kann problemlos auch schnorchelnd erkundet werden. Steuerbords ragen 4 leere Davits aus dem Wasser. Auf dieser Seite liegt auch ein einzelner Baderaum mit WC, Badewanne und einem aus Emaille bestehenden Waschbecken. In den gewal-

tigen Maschinenraum gelangt man entweder über eines der geöffneten Oberlichter hinter dem Schornstein oder durch die von achtern zugängliche Werkstatt. Der mehrstöckige Raum ist in den oberen Abschnitten leicht zu betauchen, die unteren bleiben erfahrenen Tauchern vorbehalten. Laufroste grenzen die zahlreichen Aggregate ein. Auf dem Meeresboden zur Backbordseite der Aufbauten hin liegen Windhutzen, Ladebäume, der abgebrochene Schornstein sowie ein Rettungsboot.

In Richtung des Hecks schließen sich zwei weitere Laderäume an. Sie werden zum Teil von den umgestürzten Ladebäumen überspannt. Wie auch in den vorderen Laderäumen finden sich hier Munition, Baumaterial und diverses Kriegsgerät. Die einstöckigen Aufbauten zwischen dem vierten und fünften Laderaum beherbergen die Kombüse sowie einige Vorratsräume. Am Heck fehlt inzwischen die Beplankung. Die roten Weichkorallen an der Reling sowie den Decksverstrebungen sorgen für die nötige Farbe. Gut lässt sich die Ruderanlage und die freiliegende Steuerkette erkennen. Unterhalb der Reling imponieren das gewaltige Ruderblatt sowie die Steuerbordschraube. Die Backbordschraube ist im Boden versunken. Unter dem Ruderblatt findet sich eine riesige künstliche Höhle, die nur durch zwei Ausgänge verlassen werden kann. Das Dämmerlicht trägt zu einer mystischen Stimmung bei.

Die Fiat 1100 Lunga wurden speziell für militärische Zwecke gebaut.

22. Towartit Reef

5 Seemeilen südlich von Port Sudan schmiegt sich das Towartit Reef dicht an die Festlandküste. Es handelt sich hierbei im Grunde um eine Riffgruppe, die aus einer großen Anzahl von kleinen Einzelriffen besteht. Das Towartit Reef ist in Nord-Süd-Richtung 18 Seemeilen lang und weist in West-Ost-Richtung eine Breite von 9 Seemeilen auf. Über das Areal existieren keine genauen Seekarten und ein Teil der Riffgruppe wurde noch nicht kartografiert. Auch aus diesem Grund ist es zum Friedhof für zahlreiche Schiffe geworden. Wrack-Enthusiasten kommen hier voll auf ihre Kosten. Auf mehreren Riffen des Nordendes befinden sich Seezeichen, um die Schiffe auf dem Weg nach Port Sudan vor Untiefen zu warnen. Ein Tauchplatz liegt etwas südlich des nördlichsten Seezeichens. Abgeschirmt von einem lang gezogenen Riff im Osten und zwei kleinen Riffen im Westen und Süden kann dort vor Anker gegangen werden. Im Innenbereich senkt sich der Meeresboden auf 9 bis 22 Meter Tiefe. Auf der Außenseite nahe der Nordspitze fällt der Grund steil bis auf 80 Meter ab.

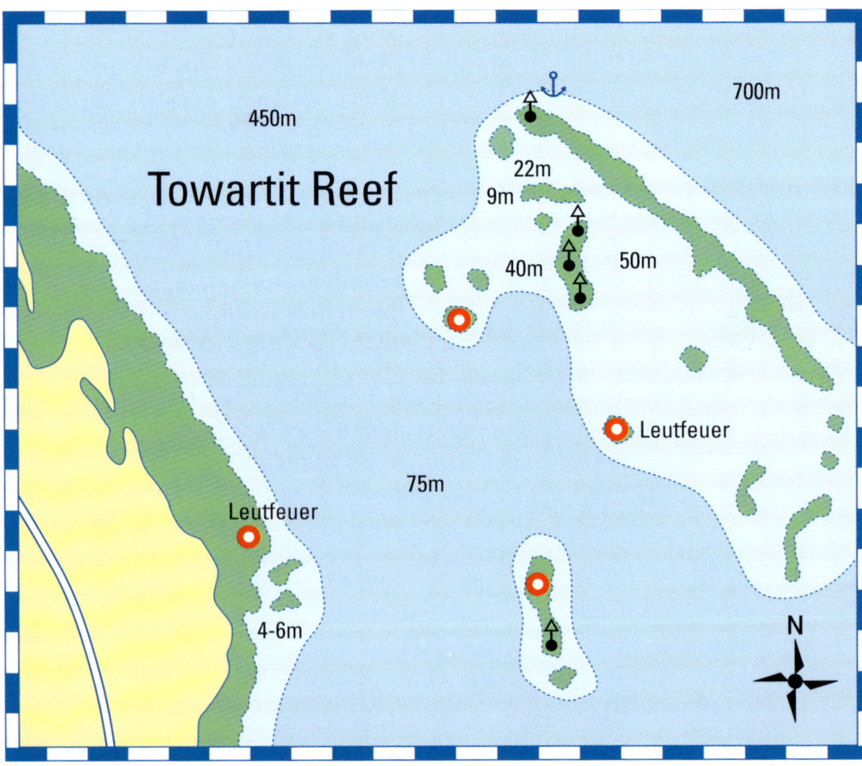

Tauchplätze südlich von Port Sudan

Die Gewässer südlich von Port Sudan umfassen eine Fülle von Riffen. In diesem Gebiet findet man vereinzelt kleine Inseln, die mit kargen Pflanzen bedeckt sind. Es bieten sich eine große Anzahl von Tauchplätzen, an denen unachtsame Besucher noch keinen Schaden anrichten konnten. Viele unentdeckte Wracks warten in diesem zum Teil noch nicht kartografierten Gebiet darauf entdeckt zu werden. Obwohl der Süden zahlreiche traumhafte Tauch-Möglichkeiten anzubieten hat, wird dort nicht häufig getaucht. Das liegt unter anderem daran, dass die Touristen vor allem die bekanntesten im Norden gelegenen Tauchplätze besuchen wollen. Weiterhin steigt, je weiter man in den Süden kommt, die Wassertemperatur und mit ihr der Planktonanteil. Dadurch nimmt die Sicht vor allem in den Sommermonaten stark ab. Außerdem treten in diesem Gebiet häufig Sandstürme auf und die durchschnittliche Sicht zusätzlich verringern. Je weiter man nach Süden kommt, desto unangenehmer werden auch die klimatischen Bedingungen. Aus diesem Grund bieten nicht alle Reiseveranstalter Touren in den Süden an. Aber gerade der Süden lässt den Entdeckergeist spüren, der einst Hans Hass und Jacques-Yves Cousteau beflügelte die sudanesischen Gewässer zu erkunden.

23. Hindi Gider

Auf halber Höhe zwischen Port Sudan und Sawakin, ungefähr 35 Seemeilen vor der Festlandküste, liegt Hindi Gider. Es bildet die Nordwestliche Begrenzung der nördlichen Sawakin-Gruppe. Die sandige Insel ist in der Mitte grün bewachsen. Schon von weitem ist sie an ihrem unbemannten Leuchtturm zu erkennen. Er besteht aus einer 27 Meter hohen Stahlkonstruktion. Sein Lichtkegel ist nachts bis zu 10 Seemeilen sichtbar. Sein Leuchtfeuer soll Schiffe auf ihrem Weg von und nach Port Sudan vor den vielen Untiefen dieser Region warnen. Steil ragt die längliche Insel aus dem über 400 Meter tiefen Meeresgrund empor. Die Außenseiten fallen teilweise lotrecht in die Tiefe ab. Steilwandtaucher kommen voll auf ihre Kosten und können verschiedene pelagische Großfische beobachten. Hindi Gider wird wie auch seine Nachbarinseln, zum Beispiel Seil´Ada Kebir, von Meeresschildkröten zur Eiablage aufgesucht. Begegnungen mit diesen fantastischen Meeresbewohnern sind in diesem Gebiet daher häufig.

Nordseite

Steil und in kleinen Abstufungen fällt die Riffwand in das tiefe Blau ab. In 40 Meter schmiegt sich ein kleines Schelf dicht an den Steilabfall. Schon wenige Meter vom Riff entfernt, erreicht der Grund Tiefen von über 90

Port Sudan
22 Towartit Reef
23 Hini Gider
Rotes Meer
Shab Anbar
24 Protector Reef
25 Barra Musa Kebir
Sawakin
26 Masamirit
27 Karam Masamirit
Tokar
Ras ´Asis
28 Dahrat Ghab
29 Dahrat Abid
Hillat Aqiq
Sudan
Eritrea
N

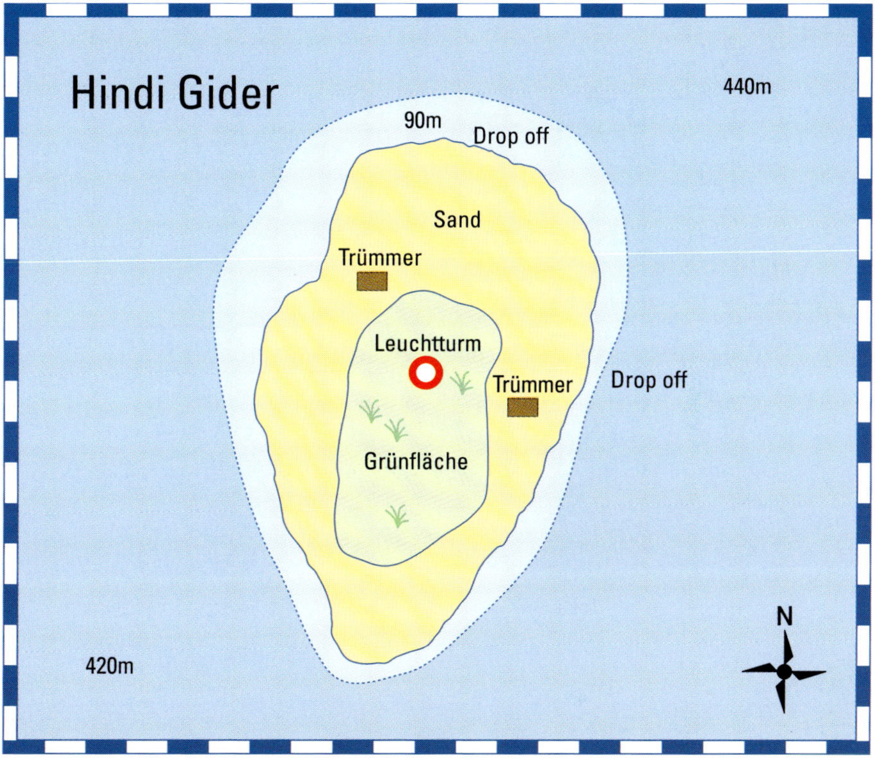

Metern. Der Drop-off ist wunderschön mit Stein- und Weichkorallen bewachsen. Riesige Fächergorgonien stehen in der Strömung, um Plankton aus dem Wasser zu filtern. Kleine Federsterne haben sich auf ihnen einen Sitzplatz gesucht. Im flacheren Bereich gibt es eine äußerst artenreiche Unterwasserfauna. Schwärme von Juwelen-Fahnenbarschen und Falterfischen stehen an der Wand. In vielen kleinen Spalten kann man Putzerstationen mit ihren zahlreichen Besuchern entdecken. Begegnungen mit Weißspitzenriffhaien, Schwarzspitzenriffhaien und Hammerhaien sind keine Seltenheit.

Ostseite
Die Riffwand ist vor allem auf den ersten Metern stark zerklüftet und bildet viele kleine Höhlen und Spalten. Zahlreiche Schwarzfleck-Schnapper und verschiedene Falterfische schwimmen zwischen den Korallen umher. Südlich des Leuchtturms hat sich ein Weichkorallengarten entwickelt. Er ist in seiner Farben- und Formenpracht einzigartig. Verschiedene Arten der Stacheligen Prachtkoralle wachsen dicht nebeneinander und hängen teilweise in bizarren

Juwelen-Fahnenbarsche verlassen die Deckung des Riffs nur zögerlich.

An jedem Riff des Roten Meeres sind sie zuhause – Pärchen von Masken-Falterfischen.

Die häufigste Nacktkiemenschnecke im Roten Meer ist die Pyjama-Schnecke – sie bevorzugt den giftigen Feuerschwamm, dessen Gift sie in Drüsen speichert.

Vor allem im Flachwasser trifft der Taucher nachts auf Einsiedlerkrebse.

Formen von Überhängen herab. Unterwasserfotografen finden zahllose interessante Motive. Die gesamte Wand ist überzogen mit einem prachtvollen Teppich von Weich- und Lederkorallen. Trotz dieser faszinierenden Vielfalt sollte nicht versäumt werden, den Blick in das Freiwasser zu wenden, denn dort kann man am gesamten Drop-off sowohl pelagische Schwarmfische wie Tunfische, aber auch Einzelgänger wie Silberspitzenhaie entdecken.

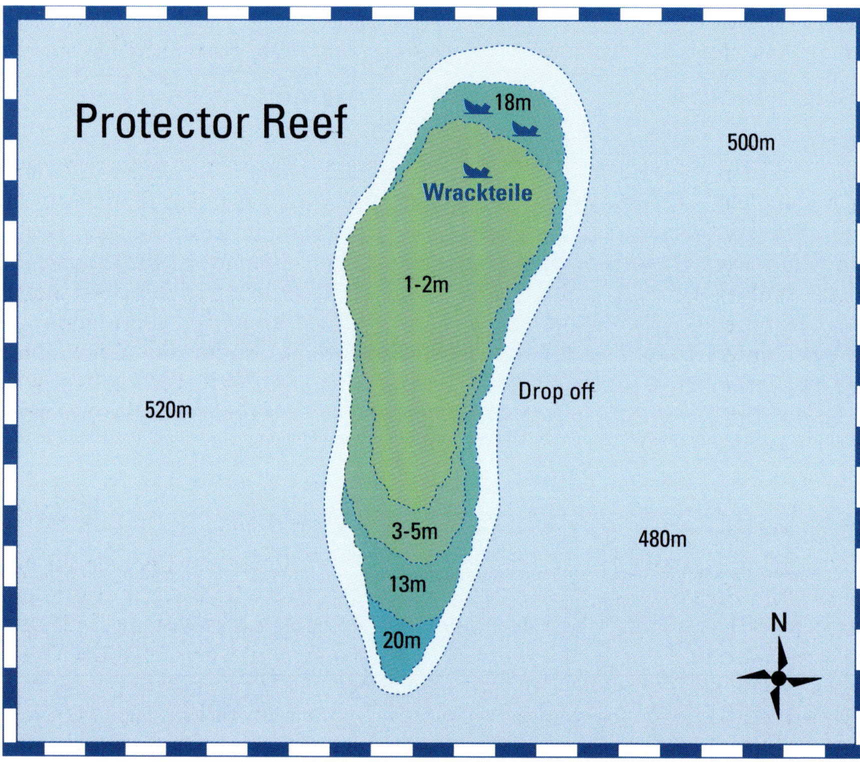

24. Protector Reef

Von Hindi Gider 10 Seemeilen in südöstlicher Richtung entfernt liegt dieses ungefähr 1 Seemeile lange Riff. Auf der Nordspitze stehen die Überreste eines unbekannten Wracks. Die Außenwände fallen steil in große Tiefen ab und erreichen rasch den über 550 Meter tiefen Meeresgrund. Wie an fast allen Riffen in dieser Region findet sich an der Nord- und Südspitze ein Plateau. Sie sind mit zahlreichen Korallen bewachsen. Eine Vielzahl kleiner und großer Meeresbewohner bevölkern das Riff. Die häufig auftretende stärkere Strömung ermöglicht Drift-Tauchgänge. Sie lockt aber auch Hochseehaie an.

Nordplateau
Die Riffwand fällt bis in 15 Meter senkrecht ab. Sie ist mit Spalten und kleinen Höhlen durchsetzt, die zahlreiche Riffbewohner beherbergen. Es schließt sich ein seicht abfallendes Plateau an, auf dem verstreut einige Wrackteile eines unbekannten Schiffes liegen. Der Grund ist mit farbenprächtigen Weichkorallen bewachsen. Über Peitschenkorallen ziehen Schwärme von Barakudas ihre Bahnen. An der Außenseite fällt das Plateau steil ins tiefe Blau ab. Bemerkenswert große Fächergorgonien wachsen an der Wand und bieten Unterwasserfotografen attraktive Motive. Häufig begegnet man Weißspitzen- und Grauen Riffhaien.

Südplateau
Sein stufenartiger Aufbau kennzeichnet das Südplateau. Die erste Stufe liegt in 3 bis 5 Meter. Zahllose kleine Riffbewohner bevölkern den lichtdurchfluteten Flachwasserbereich. Zu ihnen zählen Gelbbraune Kofferfische, Gelbklingen-Nasendoktorfische und verschiedene Grundelarten. In 13 und 20 Meter gibt es weitere Stufen. Diese sind mit zahlreichen kleinen Korallenblöcken besetzt. Steinkorallen, zwischen denen Peitschenkorallen emporragen, dominieren den Grund. Über sie schwimmen Schwärme von Stachelmakrelen. Vereinzelt können Weißspitzenriffhaie angetroffen werden. An dem ungefähr 300 Meter langen Plateau muss, wie auch auf der Nordseite, mit stärkerer Strömung gerechnet werden.

25. Barra Musa Kebir
Die rundliche Insel liegt 60 Seemeilen von Port Sudan am Südostrand der nördlichen Sawakin-Gruppe. Barra Musa Kebir ist in der Mitte mit grünem Buschwerk bewachsen. Den Strand nutzen Meeresschildkröten zur Eiablage. An die Südseite schließt sich ein äußerst reizvolles Plateau an. Auf der West- und Ostseite befinden sich Drop-offs, die jeden Steilwandtaucher begeistern. Von wunderbaren Weichkorallen bis zu pelagischen Großfischen ist alles vertreten. Der Taucher kann auf farbenfrohe Prachtkorallen, verschiedene Schwarmfische, Meeresschildkröten, verschiedene Haiarten und manchmal auch auf Mantas treffen.

Nordseite
Die Riffwand ist zerklüftet und fällt auf den ersten 10 bis 15 Meter senkrecht ab. Rotfeuerfische warten in den Riffspalten oder unter Vorsprüngen auf die Nacht, um auf Beutefang zu gehen. Kleine Langnasen-Büschelbarsche verstecken sich im Geäst von Fächergorgonien. Unterhalb der Wand beginnt ein zweistufiger Schräghang, der mit Korallenköpfen überzogen ist. Es fallen die zahlreichen Weichkorallen auf, die den Hang bevölkern. Ab 55 Meter

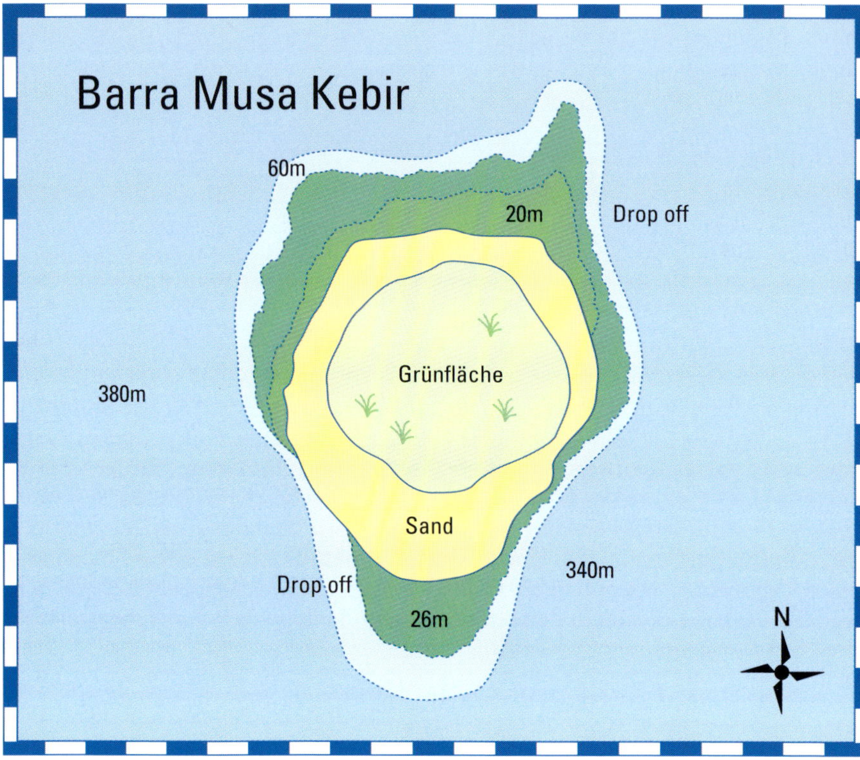

Tiefe fällt die Riffwand nahezu lotrecht ins tiefe Blau des Freiwassers ab. Wie auch an den übrigen Seiten können verschiedene Haiarten angetroffen werden.

Südplateau

Von der Wasseroberfläche bis zum Ansatz des Plateaus fällt die Riffwand fast senkrecht ab. Sie bildet zahlreiche Spalten und kleine Höhlen, die von verschiedenen Meeresbewohnern bevölkert sind. Das Plateau neigt sich von 23 Meter Tiefe seicht abwärts. Es ist mit kleinen Korallenköpfen besetzt, die mit Weichkorallen überzogen sind. Von Diademseeigeln und Haarsternen über Nasendoktorfische bis zu Riesen-Muränen kann auf kleinstem Raum viel Interessantes beobachtet werden. Mit etwas Glück kann man einen auf der Lauer liegenden Steinfisch entdecken. An der Kante in 26 Meter Tiefe erreicht der Besucher einen nahezu lotrechten Steilabfall, der stellenweise große Höhlen ausbildet. Vor allem an der Südspitze werden Großfische angetroffen.

Sowohl Schwärme von Tunfischen, großen Barakudas als auch einzelne Grau- und Hammerhaie gehören zu den Gästen. Im flacheren Bereich schwimmen häufig Meeresschildkröten. Je nach Jahreszeit, ziehen auch Mantas am Riff vorüber.

26. Masamirit

Aus Norden kommend, bildet diese Insel den Eingang in das Riffgebiet der südlichen Sawakin-Gruppe. Der Besucher findet Tauchplätze, die eine prächtige Unterwasserflora und -fauna beherbergen, wie sie atemberaubender im Roten Meer kaum sein kann. Masamirit ist circa 0,8 Seemeilen lang und mit grünem Buschwerk bewachsen. Auf dem Südende steht ein 29 Meter hoher Leuchtturm. Nachts ist sein Licht bis in 15 Seemeilen zu erkennen. Auf der West- und Südseite fällt das Riff steil in große Tiefen ab. Am Nordende und auf der Ostseite befindet sich jeweils ein Plateau, auf dem das Unterwasserleben in seiner ganzen Pracht beobachtet werden kann. Auf Grund der vor-

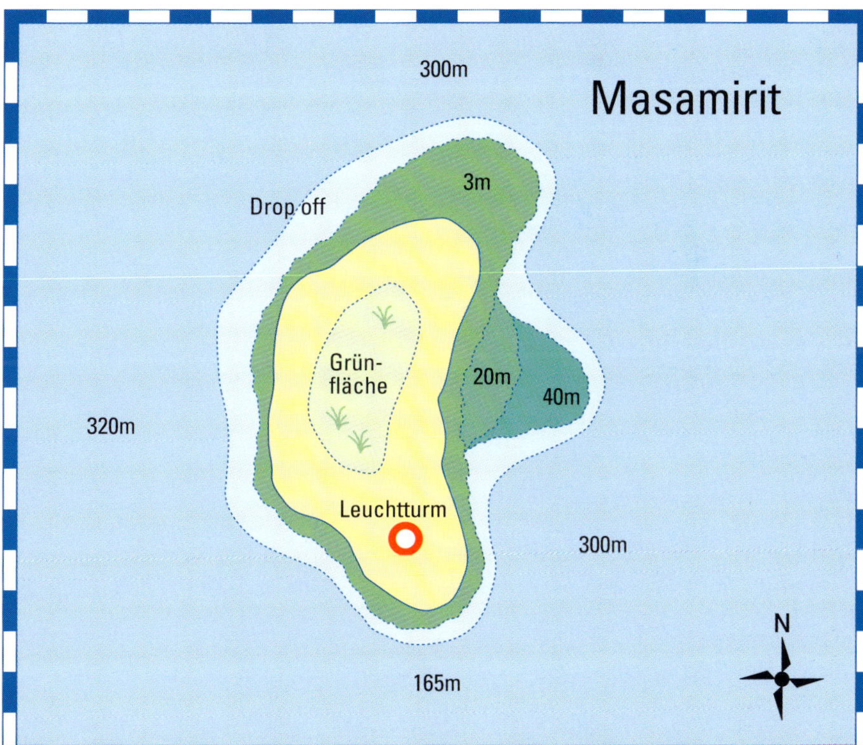

Die Karettschildkröte bevorzugt zur Eiablage die Inseln vor Sawakin.

Riesige Schwärme von Barakudas schließen den Taucher ein.

Peitschenkorallen sind an den Riffen des Sudan besonders häufig anzutreffen.

herrschenden Nordströmung sind die West- und die Nordseite interessanter zum Tauchen. Nahe der Insel erreicht der Meeresgrund Tiefen von mehr als 350 Meter. Hierdurch bestehen gute Chancen, Hochseebewohner wie Silberspitzenhaie und Bogenstirn-Hammerhaie anzutreffen.

Nordplateau
In 3 Metern Tiefe schließt sich an die Nordseite der Insel ein flaches Plateau an. Auf dieser mit Korallenköpfen besetzten Fläche gibt es viel zu entdecken: Kugelkopf-Papageienfische und Tabak-Falterfische wiegen sich im Takt der Wellen. Am Außenrand schließt sich ein steiler Schräghang an. Er ist wunderschön mit Stein- und Weichkorallen bewachsen. Zwischen den farbenprächtigen Nesseltieren schwimmen zahlreiche kleine Rifffische. Schwärme von Wimpelfischen ziehen über die Korallen hinweg. Am Grund schwimmen Weißsichel-Juwelenbarsche und Junkerfische. Die Außenwand bietet die Möglichkeit, unterschiedlichen pelagischen Meeresbewohnern zu begegnen. Sowohl Tunfischschwärme als auch einzelne Schwarzspitzen- oder Bogenstirn-Hammerhaie lassen sich von Zeit zu Zeit blicken. An dem Steilhang wachsen große Fächergorgonien, die mit ihren Polypen Plankton aus dem Wasser fangen.

Ostseite
Die Außenwand ist leicht nach innen gewölbt und fällt steil bis in große Tiefen ab. Der obere Bereich ist zerklüftet und von vielen kleinen Höhlen und Spalten durchzogen. In diesen suchen kleine Riffbewohner Schutz. An dem Steilabfall ziehen Schwärme verschiedener Schnapper und Stachelmakrelen entlang. Um kleine Vorsprünge gruppieren sich Schwärme von Juwelen-Fahnenbarschen. Von Überhängen hängen farbenfrohe Prachtkorallen herab. In der Mitte der Ostseite streckt sich ein Plateau in das Freiwasser. Sein Ansatz beginnt in einer Tiefe von 20 Metern und senkt sich rasch bis auf 40 Meter ab. Auf dem Plateau hat sich ein Korallengarten entwickelt. Vor allem Wälder von Weichkorallen haben sich angesiedelt, die von einer quirligen Fischwelt bevölkert werden. An der Ostspitze sollte man seinen Blick auch in das Freiwasser richten: Aus diesem können Schulen von Hammerhaien oder andere Großfische auftauchen. Die Chance auf Haie zu treffen ist so groß, dass aufmerksame Taucher bei jedem Tauchgang diese Jäger der Meere zu Gesicht bekommen.

Einfleck-Schnapper leben einzeln oder in Gruppen und bevorzugen Höhlen, einzelne Korallenformationen oder Wracks als Standort.

Ein Hochseebewohner auf Visite: Ein Weißspitzen-Hochseehai mit Pilotfischen.

27. Karam Masamirit

1,5 Seemeilen südöstlich von Masamirit liegt Karam Masamirit. Steil ragt es aus dem über 400 Meter tiefen Meeresboden empor. Das Riff hat eine längliche Form und ist in Nord-Süd-Richtung ausgerichtet. Der nördliche Teil knickt im rechten Winkel nach Osten ab. Im Gegensatz zu den meisten anderen Riffen reicht sein Dach nur bis ungefähr 5 Meter unter die Wasseroberfläche. Dieser Umstand bietet die Möglichkeit, im Flachwasser in einem wunderschönen Korallengarten zu tauchen oder zu schnorcheln. Die Außenwände fallen senkrecht ab. Steilwandtaucher kommen hier voll auf ihre Kosten. Am Nord- und Südende schmiegen sich kleine Schräghänge an den Abfall. Von dort aus kann der Besucher die gesamte Vielfalt an Riff- und Hochseebewohnern beobachten.

Riffdach

Das Riffdach befindet sich in einer Tiefe von 5 bis 7 Metern und fällt an seinem Rand steil ab. Es hat sich ein prachtvoller, mit zahlreichen kleinen Rifffischen bevölkerter Korallengarten entwickelt. Paare von Fähnchen-Falterfischen schwimmen neben Doktorfischen. Am Rand knabbern Masken-Papageienfische an den Korallen. Der Artenreichtum in diesem Flachwasserbereich ist überwältigend. Der Taucher kann in aller Ruhe diese lichtdurchflutete Unterwasserwelt betrachten und sich von dem bunten Treiben einfangen lassen. Unterwasserfotografen finden zahllose Motive und haben genügend Zeit, ihr Foto zu „arrangieren". Neben den zahlreichen Steilwänden, die in dem gesamten Tauchgebiet der Sawakin-Gruppe besucht werden können, bietet dieser Platz eine schöne Abwechslung. Durch starken Wind an der Oberfläche kann allerdings Strömung entstehen, die den Tauchgang beeinträchtigt.

Nordseite

Die Riffwand fällt auf den ersten Metern lotrecht ab. Der Bewuchs mit Stein- und Weichkorallen ist bis in 20 Metern Tiefe so üppig und farbenfroh, dass dieser Platz zu den Höhepunkten jeder Reise in den südlichen Sudan zählt. Gruppen von Wimpelfischen ziehen langsam am Riff entlang. Es schließt sich ein Schräghang an, auf dem zahlreiche Anemonen mit ihren Clownfischen ein Zuhause gefunden haben. Unterhalb von 25 bis 30 Metern entschwindet die Außenwand fast senkrecht im tiefen Blau. Dort beginnt das Reich der pelagischen Meeresbewohner, die, je nach Jahreszeit, in größerer Anzahl angetroffen werden können. Schwärme von Stachelmakrelen ziehen teilweise sehr fotogen am Riff entlang. Schwarzspitzenriff- oder Hammerhaie kommen neugierig aus den Tiefen des Freiwassers näher und drehen, wenn der Taucher ruhig bleibt, erst kurz vor ihm ab.

28. Dahrat Ghab

Am Westrand der Süd-Sawakin-Gruppe, ungefähr 24 Seemeilen von der Festlandküste entfernt, liegt Dahrat Ghab. Die längliche Insel ist in West-Ost-Richtung ausgerichtet. Wie viele Inseln südlich von Port Sudan, ist sie mit grünem Buschwerk bewachsen. Der Meeresboden erreicht in der näheren Umgebung Tiefen von über 500 Metern. An der Ostseite befindet sich ein großes Plateau. Um die gesamte Insel zieht sich in 3 Metern Wassertiefe ein kleiner Absatz. An diesem Tauchplatz gedeiht eine äußerst üppige und farbenfrohe Unterwasserfauna und -flora. Erfahrene Sudan-Taucher halten diese Insel für den schönsten Tauchplatz im gesamten Roten Meer. Je nach Jahreszeit bestehen gute Chancen, unterschiedlichen Haiarten, Mantas und großen Meeresschildkröten zu begegnen.

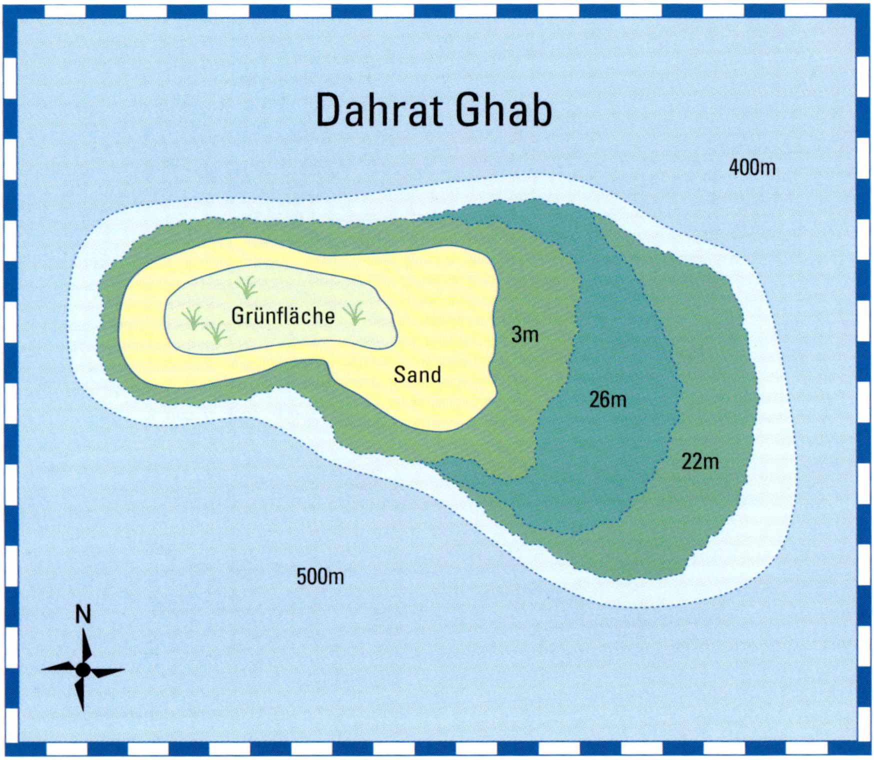

Westseite

Ab 3 Metern Tiefe fällt die zerklüftete Riffwand steil ins tiefe Blau. Auch Schnorchler kommen auf ihre Kosten. In den zahlreichen kleinen Spalten und Höhlen gibt es viel zu entdecken. Die Stacheln von Seeigeln ragen aus kleinen Löchern. Unter Vorsprüngen stehen Pärchen von Masken-Falterfischen. Gepunktete-Igelfische ziehen, wie die meist unter der Wasseroberfläche schwimmenden Flötenfische, am Riff entlang. Die gesamte Außenwand ist wunderschön mit Stein- und Weichkorallen bewachsen. Kleine Kelchkorallen haben sich auf dem harten Untergrund angesiedelt, ebenso wie Prachtanemonen und große Fächerkorallen. Verschiedene Schwämme verleihen der Riffwand ein farbenfrohes Aussehen. Unterhalb von 25 Metern sinkt die Außenwand steil in große Tiefen ab, dort beginnt das Reich der Hochseefische.

Ostplateau

Unterhalb des Absatzes schließt sich ein Steilhang an. Er mündet, in 26 Meter am Ansatz des Plateaus, in einen quer verlaufenden Kanal. Der Hang

Dahrat Ghab: Wände ohne Ende.

ist prächtig mit Stein- und Weichkorallen bewachsen. Zwischen diesen schwimmen zahllose kleine, farbenprächtige Riffbewohner, wie zum Beispiel Tabak-Falterfische, Gruppen von Feldwebelfischen und Rotmeer-Anemonenfischen. Im Kanal kann die meist auftretende Nordströmung so stark werden, dass ein „Gegen-an-Schwimmen" kaum möglich ist. Häufig hält sich hier eine große Gruppe von Büffelkopf-Papageienfischen auf. Aber auch große Zackenbarsche und manchmal Mantas können angetroffen werden. Östlich des Kanals steigt der Grund zunächst wieder bis auf 22 Meter an um ungefähr 60 Meter vom Plateauansatz entfernt steil in die Tiefe abzufallen. An der Spitze können verschiedene Haiarten und pelagische Schwarmfische wie Stachelmakrelen und Tunfische beobachtet werden. Nur wenige Meter von der Plateauspitze entfernt, entschwindet der Grund jenseits von 100 Metern.

29. Dahrat Abid

Am Südende der Süd-Sawakin-Gruppe liegt diese längliche Insel. Die Festlandküste ist ungefähr 20 Seemeilen entfernt. Schon aus größerer Entfernung lässt sich Dahrat Abid an den drei auf der Nordwestseite liegenden Wracks erkennen. Bei dem südlich befindlichen handelt es sich um ein ehemaliges Segelboot. In der Mitte liegt ein unbekanntes Motorschiff und nördlich davon ein Rettungsboot. Die von Nordost nach Südwest ausgerichtete Insel misst circa 400 Meter. Sie ist in der Mitte mit Buschwerk bewachsen. Die beiden Plateaus an den Enden der Insel sind von quirligem Leben erfüllt. An den Außenwänden strecken große Fächerkorallen ihr Geäst in die Strömung. Unterhalb von 30 Metern findet man Schwarze Korallen. Aus dem Freiwasser tauchen Großfische und ziehen entlang der steil im tiefen Blau entschwindenden Riffwände.

Südwestplateau

Der Tauchgang wird meist am Südostende der Insel begonnen und in Richtung Westen fortgesetzt. Die zerklüftete Riffwand fällt steil ab und bildet zum Teil kleine Überhänge. Von diesen hängen wunderschöne stachelige Prachtkorallen herab. Auch Pärchen von Masken-Falterfischen halten sich dort auf. Die gesamte Wand ist von verschiedenen Korallen überwuchert. Westlich schließt sich ein äußerst farbenfrohes und artenreich bevölkertes Plateau an. Es ist vollständig mit Korallenköpfen überzogen. Unterwasserfotografen finden zahlreiche interessante Motive. In einiger Entfernung von der mit Weichkorallen überwucherten Wand ziehen Schwärme von Stachelmakrelen oder einzelne Barakudas am Riff entlang. Vom äußeren Rand des schmalen Plateaus können patrouillierende Graue Riffhaie oder Schwärme von Tunfischen entdeckt werden.

Nordostplateau

Am Nordostende von Dahrat Abid erstreckt sich ein Plateau in das freie Wasser. Sein Ansatz beginnt in 4 Metern und senkt sich kontinuierlich bis auf 14 Meter ab. Es ist bunt bewachsen. Peitschenkorallen ragen neben Steinkorallen vom Grund empor und strecken sich dem Licht entgegen. In dem gesamten Bereich kann der Taucher zahlreiche Riffbewohner beobachten: Gelbbrust-Junker und Gruppen von Blaustreifen-Schnappern schwimmen über Wächtergrundeln, die aus ihren Höhlen spähen. Über ihnen ziehen einzelne Napoleons und große Gruppen von Barakudas ihre Bahnen. Die Außenwand des Plateaus bildet ein Drop-off, an dem Weißspitzenriffhaie und Graue Riffhaie entlangziehen. Wird der Blick in das Freiwasser gelenkt, kann mit etwas Glück eine Schule von Bogenstirn-Hammerhaien entdeckt werden. Sie kann mehr als einhundert Tiere umfassen. Auch andere pelagische Bewohner, wie beispielsweise Silberspitzenhaie, Schwärme von Stachelmakrelen oder Tunfischen, bereichern den Tauchgang. Nicht selten statten Meeresschildkröten der Insel einen Besuch ab.

Zitronen-Stachelmakrelen treten einzeln oder in kleinen Gruppen an der Außenseite der Riffe auf.
Küstenferne Riffe werden gelegentlich von Seidenhaien besucht.

Pfaffenhut-Seeigel ernähren sich vorwiegend von Algen.

Eine unzertrennliche Simbiose: Die Anemone und ihr Fisch.

Überführungsriffe

Die im folgenden Kapitel aufgeführten Riffe gehören zum ägyptischen Hoheitsgebiet. Sie werden von Schiffen angefahren, die von Ägypten aus operieren beziehungweise von den im Sudan stationierten Booten während ihrer alljährlichen Überführungsturns vom oder ins Mittelmeer. Aufgrund ihrer exponierten Lage und der vielfältigen Flora und Fauna zählen sie wie Shab Rumi oder das Sanganeb Reef zu den Toptauchplätzen im Roten Meer. Der Vollständigkeit halber sind sie in diesem Buch mitaufgeführt. Obwohl die ägyptische Regierung ihre Sperrung 1998 offiziell aufhob, kann es immer wieder vorkommen, dass sie aufgrund nicht nachvollziehbarer Gründe zur Verbotszone erklärt werden.

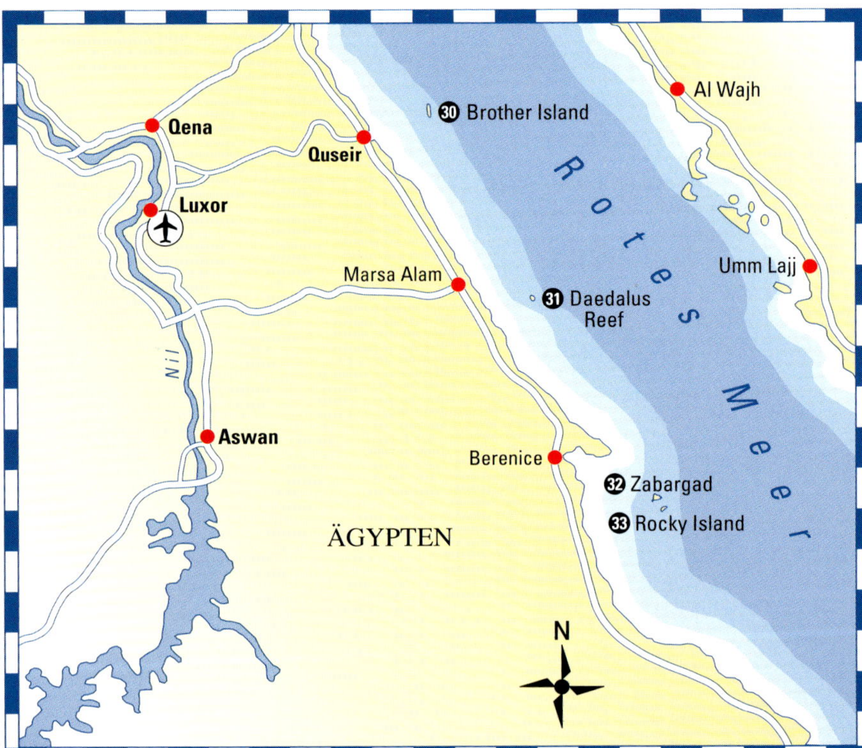

30. Brother Islands

Die Brother Islands zählen zu den weltbesten Tauchplätzen. Sie bilden die Gipfel einer aus über 1000 Meter Tiefe hervorragenden Felsnadel. Inmitten des Roten Meeres, etwa 140 km südöstlich von Safaga gelegen, werden sie aufgrund der rauen Wetterverhältnisse im Winter und der langen Anfahrt zumeist nur in den Sommermonaten angelaufen. Schon von weitem ist die Spitze des victorianischen Leuchtturms auf dem Big Brother auszumachen. Das 1880 errichtete Gebäude war bis zu Beginn der achtziger Jahre mit einer Petroleumlampe und einer Fresnell-Linse ausgerüstet. Die Drehbewegungen des Lichtstrahls, der bis zu einer Entfernung von 17 Seemeilen zu erkennen war, wurden durch einen Gegengewichtsmechanismus einer englischen Firma betrieben. Inzwischen hat diese Aufgabe eine elektrische Halogenbirne übernommen. Der Bau des Turms war aufgrund des durch die Eröffnung des Suezkanals zunehmenden Schiffsverkehrs notwendig geworden. Seit der Übergabe an Ägypten durch die Engländer wird das Leuchtfeuer von Soldaten und

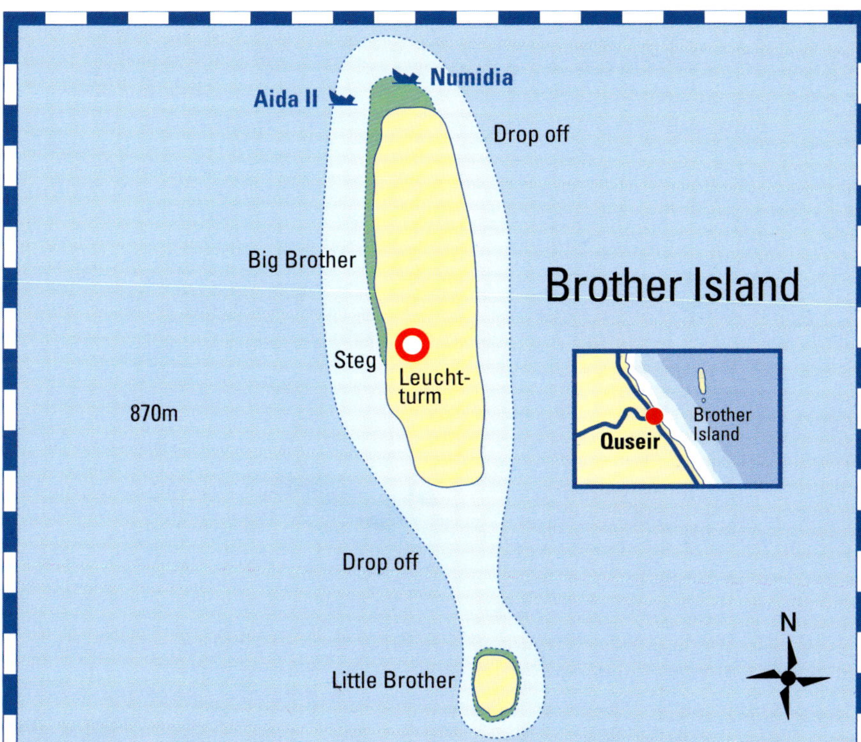

Im nördlichen Roten Meer bilden die weit vorgelagerten Brother Islands einen taucherischen Höhepunkt.

Angestellten des Ministry of War (Ports & Lighthouses Administration) betrieben, die in regelmäßigen Abständen abgelöst werden. Die Versorgung der auf der nur 400 Meter langen und 90 Meter breiten Insel lebenden Menschen erfolgt durch ein Versorgungsschiff, das turnusmäßig alle zwei Monate von Alexandria aus kommend den großen der beiden Brüder anläuft. Neben Lebensmitteln, Wasser und Post für das Personal liefert es auch Kraftstoff für die Generatoren, die das Licht für das Leuchtfeuer erzeugen.

Little Brother

Der Ankerplatz liegt an der Südseite der nahezu kreisrunden Insel. Hier können nur wenige Boote ankern, so dass später eintreffende Schiffe an den Big Brother ausweichen müssen. Unter Wasser fallen die Riffwände nahezu senkrecht ab. Die südöstliche Steilwand weist alles auf, was das Rote Meer zu bieten hat: riesige Gorgonien, üppige Weichkorallen sowie unzählige Steinkorallen sorgen zusammen mit anderen festgewachsenen Tieren für eine atemberaubende Formenfülle und Farbenpracht. Natürlich fehlt es hier nicht an entsprechend großen Mengen von Fischen. Am Ankerplatz halten sich zumeist einige große Grauhaie auf. Mit etwas Glück lässt sich vielleicht auch ein Weißspitzen-Hochseehai sehen, die an dieser Stelle häufiger vorbeikommen. Vom Ankerplatz aus kann entweder rechts herum (Richtung Osten) oder

In einem intakten Riff wird jeder Millimeter besiedelt.

links herum getaucht werden. Die Ostseite, auf der zumeist die raue Brandung steht, ist auch der zum Teil starken Strömung ausgesetzt. Sie scheint bei Haien besonders beliebt zu sein; sogar Hammerhaie sind hier schon beobachtet worden. Riesige Gorgonien hängen ins tiefblaue Wasser. Die Westseite steht der Ostseite nur wenig nach, weist in der Regel jedoch weniger Strömung auf. Prinzipiell wäre von der Strecke her auch eine Umrundung des Little Brother im Flachbereich möglich. Aus Sicherheitsgründen sollte von einem solchen Vorhaben allerdings abgesehen werden, da neben der starken Strömung der Seegang an der Ost- und Nordseite ein erhebliches Risiko darstellt.

Big Brother

Der „Große Bruder“ mit seinem Leuchturm liegt ca. 800 Meter weiter nördlich. Dieser steht im südlichen Drittel Insel. Die Besatzung empfängt gerne Besucher und ist für ein paar Gastgeschenke, wie z.B. frisches Obst oder einige Zigaretten, stets dankbar. Die längliche Form des Big Brother bietet bei rauer See einen guten Schutz für Safarischiffe. Auch hier fallen die Riffkanten steil ab. Die zerklüftete Westwand kann problemlos bei unruhigem Wetter betaucht werden. Auf dem kleinen Plateau in 35 Meter Tiefe in Höhe des Anlegers finden sich zahlose Eisenstangen, Fässer, Rohre und anderer Müll.

Die gesamte Wand weist einen üppigen Bewuchs auf. An ihr patroulieren Schwärme von Barrakudas und Stachelmakrelen. Die Hauptattraktion am Big Brother bildet allerdings das Wrack der „Aida“ unweit der Nordspitze an der Westwand sowie der Numidia an der Spitze selbst.

„Aida“

Die 1428 BRT große „Aida“ wurde 1911 in Frankreich gebaut und dem ägyptischen Kriegsministerium, Abteilung Port & Lighthouse Administration, unterstellt. Ihr Heimathafen war Alexandria, von wo aus sie die Leuchttürme entlang der ägyptischen Küste im Mittelmeer und im Roten Meer versorgte. Während einer Versorgungsfahrt zu den Leuchttürmen auf den Brother Islands und auf dem Daedalus Riff sank sie am 15.9.1957 nördlich des Landungsstegs am Big Brother aufgrund eines Fehlers der Besatzung. Diese versuchte zwar noch verzweifelt das Schiff zu retten, war jedoch machtlos, da der vordere Teil durch das Riff erheblich beschädigt worden war. Die „Aida“ zerbrach im Vorschiffbereich und sank kurze Zeit später. Menschen kamen bei diesem Unglück nicht zu Schaden.

Das Wrack ist inzwischen zu einem festen Bestandteil der Unterwasserlandschaft geworden. Das am Bug abgebrochene Schiff liegt aufrecht auf dem Kiel stehend in einem Winkel von 90 Grad zum Riff. Die vordere Oberkante des Decks beginnt in 30 Meter Tiefe. Schraube und Ruderanlage finden sich jenseits der Sporttauchergrenze bei 70 Metern. Aufgrund der Tiefe und der zum Teil starken Strömungen ist eine sorgfältige Tauchgangsplanung und Durchführung erforderlich. Das vom maritimen Leben überwucherte Wrack bleibt somit nur erfahrenen Wracktauchern vorbehalten, bildet für diese aber sicherlich einen der Höhepunkte eines Besuches auf den Brother Islands.

Die Untergangsstelle, 100 Meter nordöstlich des Stegs, ist bereits deutlich über Wasser an den großen Wassertanks auf dem Riff zu erkennen. Hier fällt die Riffkante nahezu senkrecht bis auf 35 Meter ab, bevor sie in einen schräg verlaufenden Abhang übergeht, der im endlosen Blau verschwindet. In 30 Meter sind die Überreste des Mittschiffsdecks der „Aida“ anzutreffen. Der Meeresboden zwischen dem Wrack und der Riffwand ist mit Stahlplatten des auseinandergebrochenen Vorschiffs übersät. Der Versorger zerbrach nach der Kollision in der Mitte des vorderen Laderaums. Die beiden vorderen Laderäume sind leer. Entlang der Backbord- und der Steuerbordseite rahmt eine nahezu komplett erhaltene Reling das gesamte Schiff ein. Die kleinen Ladeluken sind ein Indiz für das Alter des Schiffes. Ein Großteil der Decksbeplankung ist dem Zahn der Zeit zum Opfer gefallen und lässt das Vorschiffsdeck wie ein Gerippe erscheinen. Reling und Spanten sind, bedingt durch die zum Teil extremen Strömungen, über und über mit Weichkorallen unterschiedlichster Formen und Farben überwuchert. Sie gedeihen hervorragend durch das Überangebot an Nährstoffen, die die Strömung mit sich bringt. Für den Mitt-

Über reich mit Korallen bewachsenen Böden trifft der Taucher auf den Wangenstreifen-Lippfisch.
In Gruppen streift die Gelbe-Meerbarbe über Korallenböden und jagt nach kleinen Bodenbewohnern.

schiffsbereich mit seinen einstöckigen Aufbauten verbleibt nur wenig Zeit. Die Oberkante der Aufbauten liegt auf 37 Metern. Stimmungsvoll ragen die leeren Davits ins offene Wasser. Von der Brücke der sich anschließenden Kajüte des Kapitäns sowie den darunter befindlichen Mannschaftsquartieren lässt sich nur wenig erkennen. An die Mittschiffsaufbauten schließen sich zwei weitere Laderäume an. Ebenso wie im Vorschiff sind die Decksplanken teilweise verrottet. Das weitausladende Heck erinnert an das eines Segelschiffs. Mit über 60 Metern liegt es allerdings jenseits der Sporttauchertiefe.

„Numidia"

Jahrelang war die Identität der „Numidia" an der Nordspitze des Big Brother ungeklärt. Die Eisenbahnradsätze, die auf dem Riffdach herumliegen und dem Wrack den Spitznamen „Eisenbahnwrack" einbrachten, trugen unter anderem zu seiner Identifizierung bei. Die Spurbreite von 1676 mm wurde zu Beginn des Jahrhunderts nur auf dem indischen Subkontinent verwendet. Zusammen mit dem Schriftzug „Glasgow" am Heck war es möglich, das Schiff als die 1901 in Glasgow erbaute „Numidia" zu identifizieren. Mit einer Länge von 150 Meter, einer Breite von fast 18 Meter und einer Verdrängung von 6399 BRT war sie für die damalige Zeit ein riesiges Schiff.
Ihr Schicksal ereilte sie auf ihrer zweiten Fahrt von Liverpool nach Kalkutta. Am 21. Juli 1901 läuft sie bei ruhiger See vermutlich aufgrund eines Navigationsfehlers auf das Riffdach an der Nordspitze des „Großen Bruders" auf. Mehrere Versuche, ein Sinken zu verhindern, scheitern infolge des erheblichen Rumpfschadens. Ein Teil der Ladung wird auf andere Schiffe umgeladen. Anschließend wird der Havarist sich selbst überlassen. In den folgenden Jahren zerschlägt das Meer die Bugsektion vollständig.
Starke Strömung und hohe Wellen ermöglichen einen Besuch an der „Numidia" nur in den Sommermonaten. So bleibt sie aufgrund dieser Umstände sowie der Tatsache, dass ihr Heck in ca. 80 Meter Tiefe liegt nur wenigen Tauchern vorbehalten. Ihr üppiger Bewuchs und ihre Unberührtheit verdankt sie sicherlich diesen Gegebenheiten.
Die Überreste des Bugs sowie einige Eisenbahnradsätze, die wie Lafetten einer Kanone wirken, liegen im Flachwasser bei ca. 10 Meter. Ab 15 Meter sind dann die Konturen des Schiffes deutlich zu erkennen. Um das Wrack herum liegen zahlreiche Eisenbahnschienen, die wie Mikadostangen eines Riesen in der Unterwasserlandschaft wirken. Das Wrack zieht sich über das schräg abfallende Riff bis in eine Tiefe von 80 Meter. Es versteht sich von selbst, dass dieser Bereich außerhalb der Sporttauchergrenzen liegt! Die Decksbeplankung ist längst dem Zahn der Zeit zum Opfer gefallen und ermöglicht einen guten Einblick in den Schiffsrumpf mit seinen zwei Decks. Die Spanten sowie die intakte Reling sind von einem Arrgangement von Weichkorallen überzogen. Im Bereich der einstöckigen Mittschiffsaufbauten

imponieren die leeren Davits, ein Hinweis darauf, dass sich die Besatzung in Sicherheit bringen konnte. In dieser Tiefe ist von einer weiteren Erkundung des Achterschiffes aufgrund des drohenden Tiefenrausches sowie der problematischen Dekompression abzusehen. Bei der Faszination für das Wrack und seinen Bewuchs sollte auch Zeit bleiben den einen oder anderen Blick ins offene Wasser zu wenden, denn die Nordspitze des Big Brother ist für seine Großfische bekannt. Das Rendezvous mit einem Hammerhai oder einem Hochseehai verleiht einem Wracktauchgang an der „Numidia“ erst den entsprechenden Reiz.

31. Daedalus Reef

Das Daedalus Riff, auch Abu el Kizan genannt, liegt 180 Kilometer südlich der Brother Islands mitten im Roten Meer. Es bildet die Spitze eines Unterwasserberges, der sich senkrecht aus einer Tiefe von mehr als 600 Metern bis unmittelbar unter die Wasseroberläche erhebt. Die charakteristische Eiform,

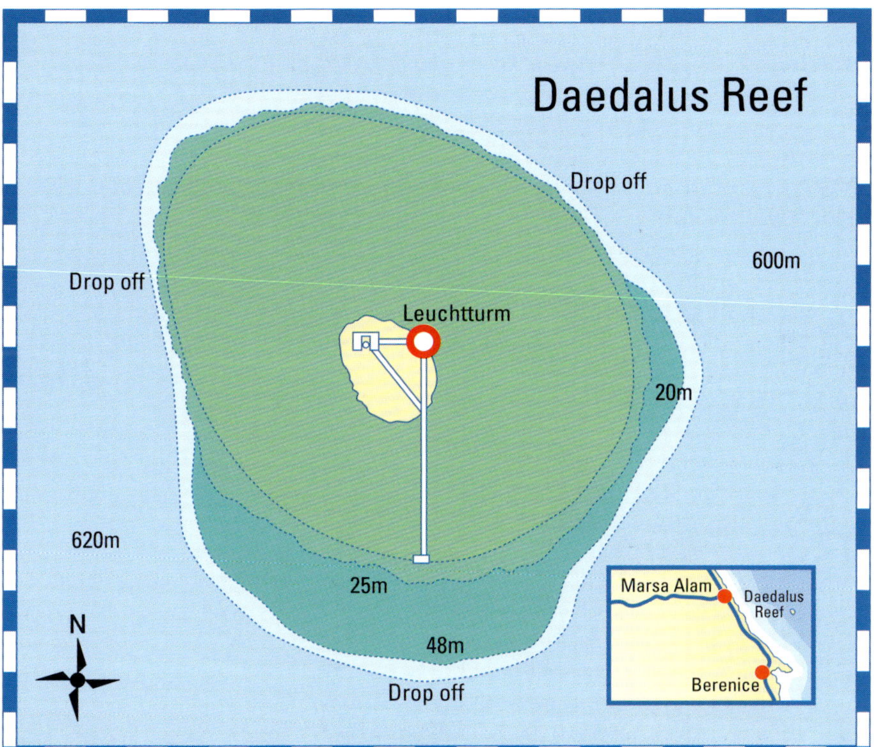

Nur selten lassen sich große Kolonien von Rinnenkorallen entdecken.
Er liebt die Korallenböden der Außenriffe mit ihren Höhlen – der prachtvolle Imperator-Kaiserfisch.

Mit Delfinen zusammen zu tauchen ist ein Höhepunkt.

Schön, aber gefährlich: eine Feuerkoralle.

mit einer Länge von 200 Meter, lässt sich erst unmittelbar am Riff erkennen. Inmitten der Schifffahrtsstraße gelegen, befindet sich ein großer Leuchtturm auf dem Riffdach. Er wurde einst von den Engländern erbaut und wird heute von einer ägyptischen Einheit des Ministeriums für Port and Lighthouses aus Alexandria betreut.
Entlang der Ost- und Westkante fallen die Wände nahezu senkrecht ab. Im Norden zieht sich das Riff über einen Steilhang in die Tiefe. Das im Süden gelegene Sandplateau beginnt in einer Tiefe von 25 Meter und geht ab 48 Meter ebenfalls ins tiefe Blau über. An dieser Stelle ankern die meisten Schiffe. Auf dem Plateau liegen zahllose leere Fässer, Stangen und anderer Zivilisationsmüll, der hier von der Leuchtturmbesatzung entsorgt wurde. Die ständige Nordsüdströmung erweist sich oftmals gerade richtig für Drifttauchgänge entlang der Ost- oder Westseite. Die Wände des Riffs sind bis 20 Meter mit einem Arrangement von wundervollen Weichkorallen bedeckt, so dass die eigentliche Wand darunter schon fast gar nicht mehr zu erkennen ist. Ab einer Tiefe von 25 Meter fällt der Blick auf riesige Gorgonien mit einem Durchmesser von mehr als 3 Meter inmitten einer relativ kahlen Wand.
Das Daedalus Riff wird zu den 10 Topplätzen für Haibegegnungen in der Welt gerechnet. Dieser Auszeichnung wird es in jeder Beziehung gerecht. Neben Grauhaien und Weißspitzenriffhaien sind ab einer Tiefe von 35 Meter Hammerhaibegegnungen möglich. Ammenhaie und Schildkröten runden das Bild ab. Sie sind meist am Ende des nordöstlichen Ausläufers des Sandplateaus etwa auf Höhe des Leuchtturms anzutreffen.

32. Zabargad

Zarbargad oder St. John's Island, wie sie von den Engländern genannt wurde, liegt südöstlich von Port Berenice, dem südlichstem Hafen Ägyptens. Die Übersetztung des ägyptischen Namens heißt soviel wie „Seenebel". Die Insel liegt im Bereich einer meteorologischen Konvergenzzone, in der es häufiger zu wechselhaftem Wetter und starkem Nebel kommen kann. Seit der Zeit Nassers gibt es immer wieder Streitigkeiten zwischen Äygpten und dem Sudan um die sagenumwobene Insel. Im Altertum unter dem Namen Topazion bekannt, wurden hier bereits im 15. Jahrhundert v. Chr. Olivine abgebaut. Bis zum Beginn des 19. Jahrhunderts sind diese wunderschönen Steine in den Minen der Insel gefördert worden. Noch heute lassen sich die in den Felsen geschlagenen Abbaustollen besichtigen. Die jüngeren Rivalitäten bezüglich der Besitzansprüche über das Eiland beziehen sich jedoch vornehmlich auf die unter der Insel vermuteten Öl- und Erdgasvorkommen. So ist es nicht verwunderlich, dass die phantastischen Tauchgebiete in dieser Region aus unterschiedlichsten Gründen immer wieder für unbestimmte Zeiten gesperrt werden. Trotz dieser poltitischen Umstände zählt die Insel seit Jahrzehnten zum

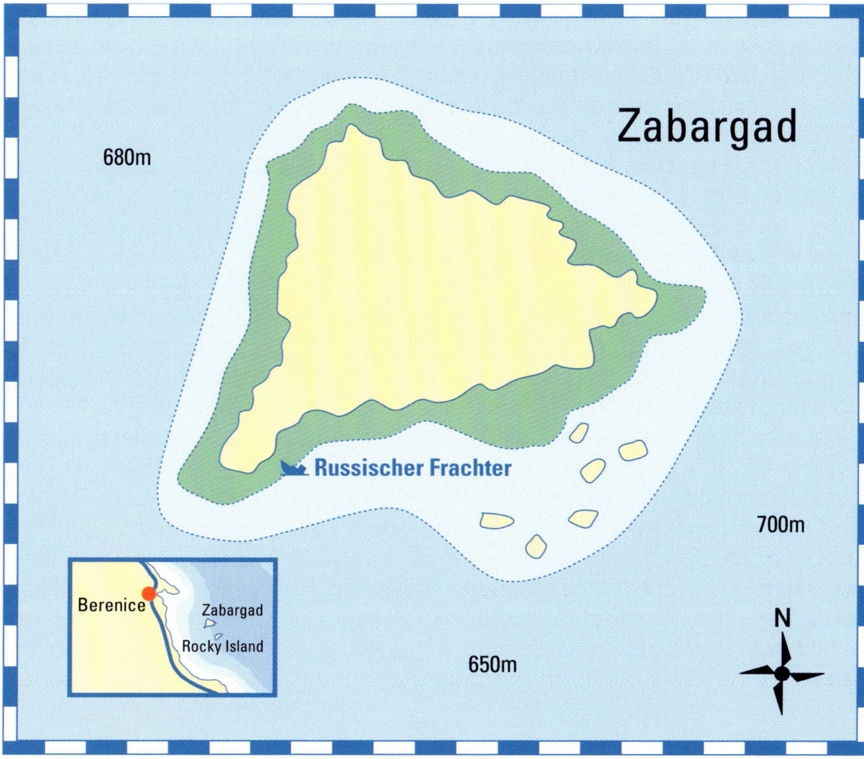

festen Bestandteil einer Safari im Roten Meer. Die meisten Schiffe ankern in Höhe des alten Mole an der Südwestseite. Getaucht wird entweder hier oder am nahe gelegenem Wrack.

Mole

An dieser Stelle fällt die stark zerklüftete Riffwand bis auf ca. 20 Meter ab. Das sich anschließende Plateau senkt sich langsam auf 35 Meter ab, um dann mit einer Steilwand zu enden. Auf dem Plateau erheben sich zahlreiche Riffpfeiler bis unmittelbar unter die Wasseroberfläche. Überhänge, Canyons und kleine Höhlen halten für den entdeckungsfreudigen Taucher immer wieder Überraschungen bereit. Schirme von Acropora-Korallen hängen von den Säulen herab und schrimen die Korridore zwischen den Ergs ab. In diesem Labyrinth verstecken sich riesige Zackenbarsche und beobachten die vorbeischwebenden Taucher kritisch. Im Flachwasserbereich lassen sich entlang der Riffwand vor allem in den frühen Morgenstunden Weißspitzen-Riffhaie entdecken. Neben diesen größeren Bewohnern von „Zabargad-City“ findet sich aber auch das gesamte Spektrum an Rifffischen. Auf keinen Fall sollte ein Nachttauchgang in diesem wunderschönen Unterwassergarten versäumt werden. Nach Einbruch der Dunkelheit kommen zahlreiche Schlangensterne aus ihren Verstecken und strecken ihre bizarren Arme auf der Suche nach Nahrung ins offene Wasser. Nacktschnecken und Krustentiere gehen unbekümmert ihrem Abendbrot nach. Mit ein bisschen Glück lässt sich auch einer der ansässigen Oktopusse aufstöbern.

Der Frachter von Zabargad
Das Wrack befindet sich nur ca. 100 Meter nördlich der Mole. Am Strand hinter der Riffkante, an der das Wrack liegt, finden sich die Überreste von zwei zerschellten Rettungsboot. Über die Gründe des Untergangs lässt sich nur spekulieren. Alle an Bord befindlichen Beschriftungen sind in kyrillischer Schrift, ein Hinweis daraufhin, dass das Schiff aus der ehemaligen Sowjetunion oder Bulgarien stammt. Da Ägypten in den sechziger und siebziger Jahren, also in jener Zeit, in der das Schiff sank, eng mit diesen Ländern kooperierte, könnte es sich bei dem Wrack um eines von diesen Ländern an den ägyptischen Staat verkauftes Versorgungsschiff handeln. Eine Recherche über die zu diesem Zeitraum in der Sowejtunion oder Bulgarien gebauten Schiffe war ebenso wie Anfragen bei den ägypischen Behörden über ein solches Schiff erfolglos.
Das Wrack liegt parallel zum Riff in einer Tiefe von maximal 24 Metern. Während Mittschiffs- und Heckbereich aufrecht auf dem Grund stehen, ist die Bugsektion inzwischen abgebrochen und auf die Backbordseite gekippt. Die Natur hat das Wrack nur zögernd in Besitz genommen. Seine Formen und Konturen sind klar zu erkennen und der überwiegend aus Steinkorallen bestehende Bewuchs gibt der Szenerie ein unwirkliches Aussehen. Trotz der meist guten Witterungsbedingungen können manchmal Wind und starke Strömungen einen Tauchgang an dem auch für Einsteiger geeigneten Wrack vereiteln. Die beste Zeit für einen Unterwasserspaziergang ist der frühe Nachmittag.
Am günstigsten beginnt man seine Erkundungstour an der zum Teil im Sand vergrabenen Schraube in 18 Meter Tiefe. Von der großen Klüse am Heck zieht sich eine Kette mit dem dazugehörigen Anker zum Riffdach, ein Indiz dafür, dass die Besatzung offensichtlich noch versuchte, den Havaristen vor dem Untergang zu bewahren. Durch ein Loch an der Steuerbordseite kann ein Blick in den hinteren Abschnitt des dreigeteilten Maschinenraumes geworfen werden. In ihm lässt sich die große Maschine mit ihren Nockenarmen, Ventilen und Leitungen, die weitgehend frei von Inkrustationen ist, bewundern. In den hinteren Abschnitten sind die zwei Hilfsdiesel zu besichtigen. Ein dichtes Netz aus Röhren und Leitungen mit zahllosen Schaltkästen und Manometern macht den Maschinenraum relativ unübersichtlich. Der Raum kann entweder durch die offenen Oberlichter oder über eine schmale Treppe, die zu den darüber

gelegenen Mannschaftsquartieren führt, erreicht werden. Wer sich tiefer in das Innere des Wracks vorwagt, sollte vorsichtig tarieren und behutsam mit seinen Flossen umgehen. Das feine Sediment lässt die Sicht innerhalb kürzester Zeit auf Null sinken.
Das aufgeräumte Heck wirkt, als sei es erst vor kurzem verlassen worden. Mittig findet sich die für diese Schiffsgröße überdimensioniert wirkende Ankerwinsch. Die intakte Reling mit ihren Aussparungen für Entlüftungskamine ist mit Steinkorallen bewachsen. Von den beiden großen Winden ist die backbordseitige leer. Backbords und steuerbords befindet sich ein überdachter Gang zum Vorschiff. Neben der Treppe zum Oberdeck führt eine Tür mit offen stehendem Schott zu den Mannschaftsräumen. Auf dem Oberdeck imponieren die leeren Davits. Die Überreste der zwei größeren hinteren Rettungsboote liegen hinter der Riffkante vis-à-vis am Strand. Zwischen den Davits weisen die 6 offenen Oberlichter den Weg zum Maschinenraum. Unmittelbar davor ragt der rechteckige Schornstein empor. An seiner Steurbordseite führt eine Tür zur Brücke. Von hier gelangt man zum Funkraum, der unmittelbar neben der Kabine des Kapitäns liegt. Auf der Brückennock, unmittelbar vor dem Mast mit den Funkantennen und den hinteren Positionslichtern, sind zwei Ständer, in denen sich ursprünglich die beiden kardanisch aufgehängten Kompasse befanden.

Dicht gedrängt steht diese Schule von Süßlippen am Riff und beobachtet neugierig den herankommenden Taucher.

In Richtung Mittschiff schließt sich an die Brücke ein kurzes Vordeck an, das von einer Eisenkonstruktion für ein Sonnensegel überspannt wird. Die Laderäume sind leer. Unmittelbar vor dem Bugmast ist das Schiff zerbrochen. An der Steuerbordseite wirken die Außenbordwände als wären sie durch eine Expolsion nach außen verbogen.
Die Bugsektion ist im vorderen Drittel des Schiffs abgebrochen und um ca. 50 Grad nach Backbord gekippt. In 17 Meter Tiefe stößt die Spitze genau an einen Riffvorsprung. Der mit dem Bugdeck über einen Laufgang verbundene vordere Mast mit seinem kleinen Ladebaum und den vorderen Positionslichtern ragt weithin sichtbar ins offene Wasser. Von seiner Spitze aus hat man einen guten Überblick über den gesamten vorderen Abschnitt des Wracks. Dominiert wird der Bug vom nur wenig bewachsenen Ankerspill. Steuerbords gelangt man über ein offenes Mannsloch zum Vorpiek, in dem außer einigen Tauen und dem Ankerkasten nichts Aufregendes zu entdecken ist. Ebenso wie das Heck wirkt es mit seinen Winden und aufgeschossenen Tauen jederzeit betriebsbereit.

33. Rocky Island

Klein aber fein, oder einfach nur als Haiplatz bekannt, so könnte man die kleine, südöstlich von Zabargad gelegene Insel beschreiben. Der ovale Felsen mit einem Durchmesser von 200 Meter ragt nur etwa 10 Meter aus dem Wasser. Unter Wasser fällt er an allen Kanten nahezu senkrecht in die Tiefe. Von einem kleinen Absatz in 40 Metern abgesehen, scheint es um die Insel herum keinen Grund zu geben. Lediglich an der Nordostspitze findet sich in 25 Meter Tiefe ein kleines Plateau. An der Südspitze gibt es ebenfalls in 35 Metern einen kleinen Absatz mit einer Breite von 10 Meter, bevor es weiter ins unendliche Blau geht. Zahlreiche Canyons unterbrechen die Riffwand. Im Oberflächenbereich ist sie vollkommen mit Weichkorallen bewachsen. Schon ab 10 Meter Tiefe mischen sich schwarze Korallen unter den üppigen Bewuchs und ab 30 Meter kommen große Gorgonien hinzu. Zu sehen gibt es fast alles, was über einen Meter groß ist: Haie, Barrakudas, Tunfischschwärme und Mantas. Eine normalerweise gemäßigte Nordsüdströmung entlang der Ost- und Westseite kann die Insel zu einem optimalen Revier für Drifttauchgänge machen. Die Strömung kann jedoch auch große Geschwindigkeiten erreichen, so dass nur im Strömungsschatten der Insel getaucht werden kann.

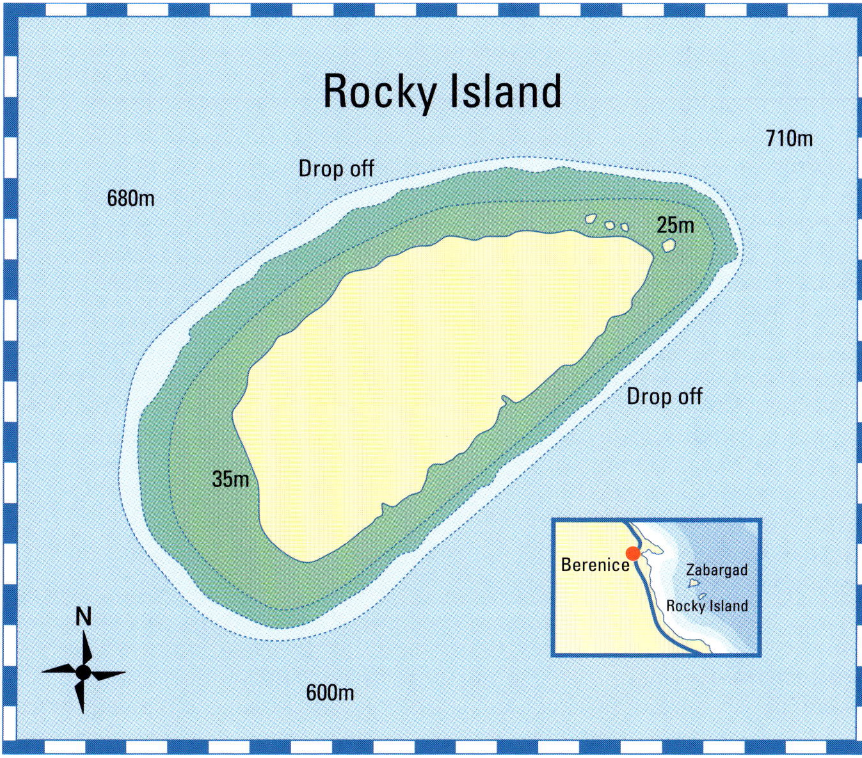
Rocky Island
710m
Drop off
680m
25m
Drop off
35m
Berenice
Zabargad
Rocky Island
N
600m

Nützliches von A – Z

Anreise

Der Sudan lässt sich entweder mit dem Schiff von Ägypten aus oder via Kairo und Port Sudan mit dem Flugzeug erreichen. Die Sudan Air fliegt einmal wöchentlich ab Kairo direkt nach Port Sudan. Aufgrund von Treibstoffmangel und finanziellen Engpässen bei der Entrichtung internationaler Flughafengebühren kam es in der Vergangenheit immer wieder zu großen Unregelmäßigkeiten, die seit 1998 allerdings deutlich abgenommen haben. Die Flugzeit Kairo/Port Sudan beträgt zwei Stunden und zumeist muss auf dem Rückflug eine Übernachtung in Kairo eingeplant werden. Aufgrund dieser Umstände lohnt sich eine 7-tägige Reise kaum. Wer die Küste südlich von Port Sudan sowie die Suakin-Gruppe besuchen möchte, muss hierfür ohnehin zwei Wochen einplanen. Ebenfalls nimmt eine Schiffsreise von Ägypten aus mindestens 14 Tage in Anspruch. Offiziell dürfen die Boote nicht vom Süden Ägyptens aus ihren Törn beginnen, sondern von Hurghada aus. Von hier sind es ca. 480 Seemeilen bis Port Sudan.

Ärztliche Hilfe

Sämtliche ärztlichen Behandlungskosten, sowie Medikamente, Heil- und Hilfsmittel müssen bar bezahlt werden. Zur Absicherung dieser Kosten ist der Abschluss einer Auslandsreisekrankenversicherung in jedem Falle anzuraten. Zwar verfügen die meisten Safarischiffe über eine Bordapotheke, es empfiehlt sich jedoch, eine eigene Reiseapotheke mitzuführen. An Land sind Medikamente so gut wie gar nicht zu erwerben.

Botschaften

Botschaft der Republik Sudan in der Bundesrepublik Deutschland
Sie ist auch für Angelegenheiten von Österreichern und Schweizern zuständig:
Koblenzer Str. 107
53177 Bonn
Tel: 0228/933700 Fax: 0228/335140

Botschaft der Bundesrepublik Deutschland
53 Baladia Street Block No. 8 D, Plot No. 2
Khartoum
Tel: 0024911/777990 Fax: 0024911/777622

Botschaft der Republik Österreich in Ägypten, die auch für den Sudan zuständig ist:
5 El Nile-Street Corner
Wissa Wassef- Street
Riyadth Tower
11111 Kairo
Tel: 00202/5702975 Fax:00202/5702979

Botschaft der Schweizerischen Eidgenossenschaft
New Extension, Street 15, House No.7
Khartoum
Tel: 0024911/471010 Fax: 0024911/472804

Dekokammer
Weder in Port Sudan noch in Suakin befindet sich eine Druckkammer. Diese Tatsache sollte unter allen Umständen mit in die Tauchgangsplannung einbezogen werden. Die nächste zu erreichende Kammer liegt im 1998 neu ausgebauten General Hospital von Hurghada. Eine 24-Stundenbereitschaft und ein Hubschrauberlandeplatz sorgen im Bedarfsfall für einen Transport ab der ägyptisch-sudanesischen Grenze.
Tel.: 0020/65/546740

Einreise/Visum
Bei einer Einreise mit dem Flugzeug über Port Sudan ist das zwingend notwenige Visum bei der Botschaft der Republik Sudan rechtzeitig vor Reiseantritt zu beantragen. Hierfür ist neben einem noch mindestens sechs Monate gültigem Reisepass und zwei Passbildern eine Bestätigung des Reiseveranstalters für die Hin- und Rückreise erforderlich. Beigefügt werden muss ein als Einschreiben frankierter Rückumschlag sowie ein Scheck über 40 Euro. Im Reisepass darf sich kein israelischer Stempel befinden. Andernfalls muss eine neuer Pass beantragt werden. Die Erteilung eines Visum dauert maximal 4 Wochen. Geräte wie Video-Kameras oder Laptops müssen im Visa-Antrag aufgelistet und bestätigt werden. Sie werden bei der Ein- und Ausfuhr im Pass deklariert.
Erfolgt die Einreise mit einem Schiff von Ägypten aus, muss ebenfalls ein Visum vor Anreise unter den oben genannten Bedingungen beantragt werden. Die Praxis zeigt, das das Visum bei der Schiffsanmeldung in Port Sudan jedoch nicht immer verlangt wird.
Weiterhin ist bei einer Einreise über Ägypten zu beachten, dass auch hier ein noch mindestens sechs Monate gültiger Reisepass erforderlich ist. Das ägyp-

tische Visum kann entweder in Deutschland oder bei der Einreise in Ägypten beantragt werden. Während ein mitgebrachtes Visum 25 Euro kostet, fallen vor Ort lediglich Kosten in Höhe von ca. 15 Euro an.

Fotografieren

Um böse Überraschungen beim Fotografieren zu vermeiden, sollten Sie mit Ihrer Planung über die Urlaubserinnerungen bereits daheim beginnen. Da Filme und Kamerabatterien vor Ort nicht zu erwerben sind, sollten Sie diese in ausreichender Zahl mitbringen. Die Fotoausrüstung muss in jedem Fall in dichten Koffern oder Taschen zum Schutz gegen den feinen Sand und Staub transportiert werden. Ebenfalls gehören Reinigungsmittel wie Pinsel und Tücher zur Ausrüstung.

Im Gegensatz zur Videokamera muss die Fotoausrüstung weder bei der Beantragung des Visums noch bei der Einreise deklariert werden. Weiterhin ist zu beachten, dass für Videofilmer eine Erlaubnis beim Department of Tourism and Hospitality einzuholen ist. Für Fotografen ist diese Erlaubnis nicht erforderlich. Beim Fotoshooting ist darauf zu achten, dass Personen nicht ohne deren Zustimmung fotografiert werden dürfen. Für alle militärischen Anlagen - mögen sie noch so bescheiden sein - gilt absolutes Fotografierverbot. Unter diese Regelung fallen auch Flughäfen und Hafenanlagen. Ebenfalls dürfen „Motive der Armut“ nicht aufgenommen werden.

Geld

Währungseinheit ist der Sudanesische Dinar (sD). Daneben ist weiterhin das alte Sudanesische Pfund, auch *Gineh* genannt, im Umlauf. Das Wechselverhältnis von Dinar zu Pfund beträgt 1:10, 1 Dinar entsprechen somit 10 Pfund. Der Wechselkurs wird von der sudanesischen Regierung nach eigenem Ermessen festgelegt. Die Einfuhr von Noten und Münzen in Landeswährung ist verboten. Devisen dürfen in beliebiger Höhe eingeführt werden, müssen allerdings an der Grenze deklariert werden. Auch kleinste Beträge werden mit Geldscheinen beglichen, Münzen sind dagegen selten im Umlauf. Banken und Hotels akzeptieren in der Regel Traveller-Schecks. Die Banken sind von Montag bis Donnerstag in der Zeit von 8.00 bis 13.30 Uhr sowie von 10.00 bis 12.00 Uhr am Sonntag geöffnet.

Impfungen

Impfungen bei der Einreise aus einem europäischen Land in den Sudan sind nicht erforderlich. Empfohlen werden von der Botschaft allerdings eine Malaria- und Meningitis-Prophylaxe. Unabhängig hiervon sollten Sie sich einer

Hepatitis A- (aktiv oder passiv) sowie einer Gelbfieber-Impfung unterziehen. Weiterhin ist zum Schutz vor so genannten Fäkalinfektionen eine Thyphoralprophylaxe empfehlenswert. Zur termingerechten Durchführung dieser Impfungen erkundigen Sie sich rechtzeitig vor Reisebeginn beim Gesundheitsamt oder Hausarzt.

Stromversorgung

In Khartoum und Port Sudan hat das Netz 240 Volt. Die Mitnahme eines Adapters ist empfehlenswert. Stromausfälle, die an der Tagesordnung sind, betreffen nur einzelne Stadtteile und sind in der Regel schnell behoben. An Bord der meisten Safarischiffe stehen ebenfalls 220 Volt zur Verfügung. Eurostecker passen hier fast immer. Da die meisten Kabinen nur über ein oder zwei Steckdosen verfügen, ist es ratsam, eine Mehrfachsteckdose mitzubringen.

Wasser

Wasser ist sowohl an Land als auch an Bord der Safariboote knapp. Mit dem kostbaren Nass sollte in jedem Falle sparsam umgegangen werden. In beiden Fällen entspricht es keinesfalls den üblichen europäischen Trinkwasserqualitäten. Zum Trinken und Zähneputzen ist nur das in Flaschen abgefüllte Mineralwasser zu empfehlen.

Zeitverschiebung

Im Sudan gilt die Osteuropäische Zeit (OEZ). Sie ist der Mitteleuropäischen Zeit (MEZ) um eine Stunde voraus. Der Schluss, die OEZ sei stets eine Stunde weiter als die MEZ ist allerdings falsch. Bedingt aus der nicht zeitgleichen Umstellung von Winter- auf Sommerzeit resultieren in der Umstellungsphase andere Zeitunterschiede.

Zoll

Neben den üblichen Zollbestimmungen ist zu beachten, dass die Videoausrüstungen sowie Computer deklariert und in den Pass eingetragen werden müssen. Bei der Einreise kann für diese Gegenstände die Hinterlegung einer Zollgebühr gefordert werden, die bei der Ausreise zurückerstattet wird. Die Einfuhr von Alkohol und pornografischen Schriften ist verboten und wird streng geahndet.

Im Sudan gekaufte Waren dürfen nur bis zu einem gewissen Wert ausgeführt werden. Für Antiquitäten ist eine Ausfuhrgenehmigung erforderlich. Darunter fallen auch Gegenstände, die an Wracks gefunden wurden.

Ein Taucher überfliegt die faszinierende Korallenwelt der sudanesischen Gewässer.

Literatur

Meeresbiologische Literatur

Baumeister, W. (1993): Farbatlas Meeresfauna: Rotes Meer, Indischer Ozean. Niedere Tiere. Ulmer Verlag, Stuttgart.

Debelius, H. (3. Aufl. 1995): Unterwasserführer Rotes Meer. Fische. Delius Klasing / Edition Naglschmid, Bielefeld, Stuttgart.

Schmid, P. und D. Paschke (3. Aufl. 1995): Unterwasserführer Rotes Meer. Niedere Tiere. Delius Klasing / Edition Naglschmid, Bielefeld, Stuttgart.

Tauchliteratur

Folgende Hefte aus der Reihe Tauchsport-Sonderbrevets und -Seminare aus dem Verlag Delius Klasing/Edition Naglschmid, Stuttgart behandeln Themen aus der Tauchpraxis, die bei einer Reise in den Sudan von besonderem Interesse sind:

Heft 1 Orientierung, Heft 7 Nachttauchen, Heft 8 Strömungstauchen, Heft 12 Wracktauchen, Heft 15 Seemannschaft.

Seekarten

Folgende Seekarten des Bundesamtes für Seeschifffahrt und Hydrographie zeigen Abschnitte entlang der sudanesischen Küsten:

Nr. 320	Ras Banas bis Sawakin	Maßstab 1:750.000
Nr. 338	Einfahrt nach Port Sudan	Maßstab 1:200.000
Nr. 321	Suakin-Insel bis Djebel Tair	Maßstab 1:750.000

Straßenkarten

Michelin 954, Africa North East, Arabia,	Maßstab 1:4.000.000
The Oxford Map of Sudan	Maßstab 1:4.000.000

Weitere Literatur

Benjak, U. und Enders U. (1992): „Sudan“, Konrad Stein Verlag, Kiel

Davies, S. und Morgan E. (1995): „Red Sea Pilot“ Imray Laurie Norie & Wilson Ltd., St Ives Cambridgeshire, England

Streck, B (1989): „Sudan, Steinerne Gräber und lebendige Kulturen am Nil“, DuMont Kultur-Reiseführer, Köln

Danksagung

In diesem Zusammenhang möchten wir uns bei Angela Koop für die Erstellung der Karten sowie für die mühevolle Detailarbeit bei den Wrackbildern bedanken. Des Weiteren bei Karen und Patrik Engdahl, die stehts bereit waren, noch einen kleinen Extratörn bei unseren Reisen auf der „Amorina“ einzulegen.

Dr. Holger Göbel
Ralf Bergemann

Am Ende eines erlebnisreichen Tauchtages versinkt die Sonne feurigrot am Horizont.